Herausgeber: Alex Baumgartn.

Glücksspiel und Online Casino Kompendium

Impressum

Bibliografische Information der Deutschen Nationalbibliothek: Die Deutsche Nationalbibliothek verzeichnet diese Publikation in der Deutschen Nationalbibliografie; detaillierte bibliografische Daten sind im Internet über dnb.dnb.de abrufbar.

Herausgeber:
Alex Baumgartner, 2019

Herstellung und Verlag:
BoD – Books on Demand, Norderstedt

ISBN: 9783744864473

Herausgeber: Alex Baumgartner

Glücksspiel und Online Casino Kompendium

Vorwort

Glücksspiele und Online Casinos üben eine ungeahnte Faszination aus. Wer schon einmal eine Spielbank betreten hat, der weiß, dass dort eine ganz besondere Atmosphäre herrscht. Ein gehobenes Ambiente, Etikette, Stil und Niveau paaren sich hier mit dem Spiel um Geld. Mit der disruptiven Kraft der Digitalisierung verändert sich aber auch die Glücksspielwelt.

Immer mehr Spieler gönnen sich im Komfort der eigenen Vier-Wände das Spiel um Geld. Hiermit gehen natürlich Risiken des Glücksspiels ohne soziale Kontrolle einher. Andererseits liberalisiert sich aber auch das einstmals elitäre Glücksspiel hierdurch und stellt sich völlig neuen Bevölkerungsschichten dar.

Mit meiner Vergleichsseite https://casinozauber.com erfahre ich praktisch täglich, was gute Casinos ausmacht und woran man schlechte Casinos erkennt. In diesem Kompendium zum Thema Glücksspiel und Online Casinos habe ich für Sie daher ein umfassendes Informations- und Referenzwerk gestaltet, das sich um die häufigsten Begriffe innerhalb der Welt des Glücksspiels dreht.

Ich wünsche Ihnen bei der Lektüre viele schöne und lehrreiche Stunden.

Ihr Alex Baumgartner

Glücksspiele

Bei Glücksspielen handelt es sich um Spiele, deren Verlauf überwiegend vom Zufall bestimmt werden. In aller Regel dreht es sich zusätzlich um Spiele, bei denen ein Geldeinsatz getätigt wird.

Abgrenzung von Glücksspielen

Der Einfluss des Zufalls kann bei Spielen sehr unterschiedlich ausfallen. Bei den sogenannten reinen Glücksspielen, wie zum Beispiel Roulette, Craps oder Sic Bo, hängt das Ergebnis ausschließlich vom Zufall ab. Weniger eindeutig quantifizierbar ist der Einfluss des Zufalls in Spielen, in denen auch die Teilnehmer durch ihre Entscheidungen das Spielergebnis maßgeblich beeinflussen können. So zum Beispiel bei Backgammon oder Black Jack. In qualitativer Hinsicht gilt allerdings, dass der Einfluss des Zufalls gemäß dem Gesetz der großen Zahlen bei langen Partie-Sequenzen abnimmt.

Bei der rechtlichen Bewertung, ob ein Glücksspiel vorliegt, sind noch weitere Faktoren zu berücksichtigen, insbesondere den Wert von Einsatz und möglichen Gewinnen betreffend. Außerdem sind bei Turnierveranstaltungen wie zum Beispiel einem Pokerturnier die gesamten Turnierregeln inklusive des für die Endauswertung verwendeten Verfahrens maßgeblich, wie sie in rechtlicher Hinsicht im Spielvertrag bzw.

mathematisch-formal in der spieltheoretischen Modellierung festgelegt sind. Bestandteil dieser Festlegungen sind auch Angaben über die Anzahl der Mitspieler und über den Umfang an Informationen, die einem Spieler zum Zeitpunkt einer Spielentscheidung zugänglich sind, zum Beispiel in Form ihm bekannter Karten in Kartenspielen.

Spiele, deren rechtliche Einstufung als Glücksspiel zur Debatte stand, waren allesamt Nullsummenspiele im Sinne der Spieltheorie (und nicht etwa zum Beispiel kooperative Spiele), d. h. die Summe der (positiven) Gewinne von Spielern ist betragsmäßig stets gleich der Summe der Verluste der anderen Spieler. Das schließt den Fall des Spiels eines einzelnen Spielers gegen einen Automaten oder gegen einen Bankhalter ein, der nach einem fest vorgegebenen Schema agiert (wie beim Black Jack). Dazu muss der Veranstalter als zweiter Spieler gewertet werden, der allerdings für seine Gewinne kein Geschick aufzuwenden hat, was die deutsche Rechtsprechung als Verringerung des relativen Geschicklichkeitseinflusses wertet.

Klassifikation von Gesellschaftsspielen

Innerhalb der spieltheoretischen Klassifikation von Gesellschaftsspielen bilden die Glücksspiele eine von drei Klassen reiner Spiele, die aus spielerischer Sicht durch die Ursachen für die Unvorhersehbarkeit des Spielverlaufs charakterisiert sind und den folgenden Kriterien entsprechen:

Sehen die Spielregeln Zufallsentscheidungen vor, beispielsweise mit Hilfe eines Würfels?

Gibt es, anders als bei Schere-Stein-Papier, sequentielle Entscheidungen von Spielern im Rahmen von Zugfolgen, so dass für diese Zugfolgen eine vergleichsweise große Anzahl von Kombinationen möglich wird?

Gibt es Spielsituationen imperfekter Information, in denen die Spieler wie zum Beispiel bei Kartenspielen wie Skat unterschiedliche Informationen über den bisherigen Spielverlauf besitzen?

Dabei sind reine Glücksspiele dadurch charakterisiert, dass die erste Frage zu bejahen und die beiden anderen Fragen zu verneinen sind. Zu bejahende Fragen erlauben darüber hinaus im direkten Vergleich von Spielen ungefähre, den Spielcharakter widerspiegelnde Quantifizierungen. Beispielsweise dahingehend, dass bei Backgammon der Einfluss der Spieler durch eine höhere kombinatorische Vielfalt möglicher Zugfolgen größer ist als bei Mensch ärgere dich nicht. In Folge ist der Zufallseinfluss bei Backgammon relativ niedriger als bei Mensch ärgere dich nicht.

Nicht durch die Klassifikation abgedeckt sind Faktoren der manuellen Geschicklichkeit oder Reaktionsschnelligkeit, die allerdings bei Gesellschaftsspielen — anders als beim sportlichen Spiel – eher die Ausnahme sind, zum Beispiel bei Mikado.

Rechtliche Abgrenzung von Glücksspielen

Da Glücksspiele in den meisten Ländern gesetzlichen Restriktionen unterworfen sind, ist die rechtliche Abgrenzung von Glücksspielen Gegenstand von diversen, von Land zu Land unterschiedlichen Rechtsnormen und Gerichtsurteilen. Als komplementär zu den Glücksspielen gelten Geschicklichkeitsspiele (engl. skill games), deren Entscheidung primär durch die geistige oder auch körperliche Geschicklichkeit der Mitspieler beeinflusst wird.

In Deutschland führt § 3 Abs. 1 Glücksspielstaatsvertrag (GlüStV) aus:

Ein Glücksspiel liegt vor, wenn im Rahmen eines Spiels für den Erwerb einer Gewinnchance ein Entgelt verlangt wird und die Entscheidung über den Gewinn ganz oder überwiegend vom Zufall abhängt. Die Entscheidung über den Gewinn hängt in jedem Fall vom Zufall ab, wenn dafür der ungewisse Eintritt oder Ausgang zukünftiger Ereignisse maßgeblich ist. Auch Wetten gegen Entgelt auf den Eintritt oder Ausgang eines zukünftigen Ereignisses sind Glücksspiele.

Analoge Begriffsbestimmungen enthalten auch § 1 des österreichischen Glücksspielgesetzes (GlSpG) sowie Art. 3 des schweizerischen Bundesgesetzes über Geldspiele

(Geldspielgesetz, BGS), wobei in Österreich § 1 Abs. 2 GISpG dahingehend ergänzt, dass „Roulette, Beobachtungsroulette, Poker, Black Jack, Two Aces, Bingo, Keno, Baccarat und Baccarat chemin de fer und deren Spielvarianten" als Glücksspiele gelten.

Geschicklichkeitsspiele werden nach der ständigen Rechtsprechung in Deutschland dadurch charakterisiert, dass bei ihnen „die Entscheidung über Gewinn und Verlust wesentlich von den Fähigkeiten sowie vom Grad der Aufmerksamkeit der Spieler abhängt."

Dabei muss „der Durchschnitt der Personen, denen das Spiel eröffnet ist, es mit hoher Wahrscheinlichkeit in der Hand" haben, „durch Geschicklichkeit den Ausgang des Spiels zu bestimmen".

„Mathematische Kalkulationen und verwickelte Wahrscheinlichkeitsberechnungen", soweit sie „die durchschnittliche Fähigkeit der beteiligten Personen" übersteigen, sind „für die Beurteilung, ob ein Spiel den Charakter eines Glücksspiels besitzt", nicht maßgebend.

Davon unberührt bleibt allerdings „die Notwendigkeit, den Charakter des Spieles mit wissenschaftlichen Methoden zu bestimmen".

Bei der Bewertung der Geschicklichkeit eines Spielers sollen nicht „alle Teilnehmer unter Einsatz der ihnen zur Verfügung stehenden Geschicklichkeit um den Erfolg bemüht" sein, sondern es muss, wie es für den Fall eines zu bewertenden Zweipersonenspiels entschieden wurde, „jeweils ein Teilnehmer den Zufall walten" lassen.

Der Einsatz von empirischen Messverfahren für den Geschicklichkeitsanteil erfolgte in der Rechtsprechung zwar in Einzelfällen, ist aber ansonsten umstritten. In der Regel weniger restriktiv bewertet werden Turniere. So gelten in Deutschland bestimmte turniermäßig veranstaltete Spiele wie Skat, Schafkopf und Bridge rechtlich nicht als Glücksspiel, sofern das Turnier genügend lang ist.

In Österreich wurde mit der Glücksspielgesetz-Novelle von 2008 mit § 4 Abs. 6 GISpG eine ähnliche Bereichsausnahme für Kartenspielturniere geschaffen. Darüber hinaus wurden spezielle Spiele wie etwa Tarock, Schnapsen, Schach, Skat, Bridge und Billard bereits zuvor durch die Rechtsprechung als Geschicklichkeitsspiele eingestuft.

Die Eidgenössische Spielbankenkommission gelangte 2007 zur Einschätzung, dass es sich bei einem Pokerturnier um ein Geschicklichkeitsspiel handeln kann, wenn die Einzelspiele nicht unabhängig voneinander, sondern als Gesamtheit gewertet werden. Die Einschätzung wurde 2010 durch das Bundesgericht korrigiert.

In den USA wurde Backgammon in einzelnen Urteilen der Charakter eines Geschicklichkeitsspiels zuerkannt.

Glücksspiele mit bzw. ohne Bankhalter

Baccara-Spieler, Zeichnung von Albert Guillaume um 1897
Bei den sogenannten Bankhalter-Spielen, engl. Banking games, französisch Jeux de contrepartie wie etwa Roulette, Craps, Sic Bo, Black Jack oder Baccara banque wird eine Partei durch die Spielregeln bevorzugt (vergleiche Bankvorteil), sodass die Gegenspieler, die sogenannten Pointeure (von französisch point, deutsch Punkt, siehe Pharo) auf lange Sicht, also bei häufigem Spiel, mit Sicherheit verlieren.

Im Unterschied zu den Bankhalterspielen besitzen bei den Non banking games, französisch Jeux de cercle alle Spieler – zumindest im Mittel – dieselben Gewinnchancen. Dies ist bei den meisten Poker-Varianten, wie etwa Draw Poker, Seven Card Stud, Texas Hold'em oder Omaha Hold'em der Fall, aber auch bei Écarté oder all den Spielen, bei denen kein permanenter Bankhalter existiert, sondern diese Rolle wechselt, wie bei Baccara chemin de fer.

Geschichte, Verbot und Monopolisierung

Glücksspiele gibt es nach heutigem Stand der Wissenschaft schon seit ca. 3000 v. Chr. Aus dieser Zeit stammen die ältesten Funde sechsseitiger Würfel aus Knochen oder Elfenbein.

Die Fundstätten liegen in China und auf dem Gebiet des alten Mesopotamien. Würfelspiele werden zum Beispiel in antiken indischen Schriften erwähnt, in der griechischen Mythologie würfelt Herkules gegen einen Tempelwächter um eine hübsche Kurtisane.

Die heute gebräuchlichen, mit Punkten auf jeder Seite versehenen Würfel wurden vermutlich ca. 2000 v. Chr. In Ägypten erfunden.

In der römischen Antike waren Würfelspiele in allen Schichten verbreitet, obwohl die Autoritäten sie mit Strafe bedrohten. Nur an den Saturnalien war das Würfeln offiziell erlaubt. Nach römischem Recht durften Spielschulden nicht eingeklagt werden, auch konnte das Verlorene vor Gericht nicht zurückgefordert werden. Das Haus, in welchem Glücksspieler angetroffen wurden, wurde konfisziert.

Kaiser Claudius war ein begeisterter Freund des Ludus duodecim scripta und verfasste über diesen Vorläufer des heutigen Backgammon sogar ein Buch, das verloren gegangen ist.
Tacitus berichtet in der Germania über die Würfelleidenschaft der Germanen, dass sie in nüchternem Zustand mit äußerstem Leichtsinn um Haus und Hof, zuletzt gar um die eigene Freiheit spielten.

Nach altem deutschen Recht galten Glücksspielgeschäfte als unerlaubte Geschäfte und es konnte nicht nur der Verlust wieder zurückgefordert, sondern sogar vom Gewinner eingeklagt werden.

Im Mittelalter versuchten sowohl geistliche als auch weltliche Autoritäten das Spiel zu verbieten. Derlei Verbote von Karten- und Würfelspielen erlauben Rückschlüsse auf die Verbreitung und die Entwicklung von Spielen. Aus dem 12. Jahrhundert stammt ein Erlass des englischen Königs Richard Löwenherz, dass niemand, der von geringerem Stand als ein Ritter war, um Geld würfeln durfte.

Im 16. und 17. Jahrhundert setzte sich allmählich die Auffassung durch, dass das hohe und übermäßige Spiel – gemeint sind hohe und geborgte Spieleinsätze – mit Strafe zu bedrohen sei. Erstmals wurde zwischen verbotenen und erlaubten Spielen unterschieden, wobei sich diese Unterscheidung weniger auf die Art als auf die Höhe derselben bezog.

Die weite Verbreitung des Glücksspiels im 17. Jahrhundert gab Anlass zur wissenschaftlichen Untersuchung: Die Behandlung des Problems des Chevaliers de Méré durch Blaise Pascal und Pierre de Fermat (1654) gilt als Geburtsstunde der Wahrscheinlichkeitsrechnung, allerdings gab es schon von Galileo Galilei, Luca Pacioli und Geronimo Cardano mathematische Arbeiten über bestimmte Glücksspiele.

In den verschiedenen europäischen Staaten entwickelten sich zu Beginn des 19. Jahrhunderts unterschiedliche Einstellungen zum Glücksspiel. Während diese Spiele in einigen Staaten erlaubt waren und auch zum Vorteil des Staates veranstaltet wurden, weil man öffentliches Glücksspiel für weniger verderblich hielt als das geheim betriebene, waren in anderen Staaten alle Glücksspiele verboten.

In Frankreich, wo es im 18. und frühen 19. Jahrhundert in fast allen größeren Städten privilegierte Spielhäuser gab, versuchte bereits Ludwig XV. vergeblich das Glücksspiel zu verbieten. Napoleon Bonaparte erlaubte 1806 das Glücksspiel nur mehr in den Spielhäusern des Pariser Palais Royal, wo bis zur Schließung durch Louis Philippe Ende 1837 neben Pharo und Rouge et noir bzw. Trente et quarante auch Roulette gespielt wurde.

Nach 1837 begann die große Zeit der Spielbanken von Baden-Baden, Bad Homburg und Wiesbaden, wo Fjodor Michailowitsch Dostojewski das Roulette kennenlernte und diesem Spiel verfiel – aus diesem Erlebnis entstand der Roman Der Spieler – sowie Bad Ems, Bad Nauheim und Bad Pyrmont.

In Deutschland war Preußen bereits vor der Märzrevolution (1848) mit der Aufhebung der Spielbanken vorangegangen. In den 1866 annektierten Ländern wurde den dort aufgrund von Verträgen mit den von früheren Regierungen errichteten Spielbanken die Fortdauer bis zum Ende des Jahres 1872 gestattet. Sie hatten dabei allerdings einen bedeutenden Teil des Reingewinns zur Bildung eines Kur- und Verschönerungsfonds für die beteiligten Städte anzusammeln. Nach der Reichsgründung mussten mit Jahresende 1872 alle deutschen Spielbanken schließen – sie wurden erst 1933 unter den Nationalsozialisten wiedereröffnet.

Das Glücksspielverbot in Frankreich und Deutschland kam vor allem dem Fürstentum Monaco zugute. François Blanc nutzte diese Gelegenheit und führte die Spielbank von Monte Carlo zu ihrer Blütezeit.

Auch wurde das Spielen in auswärtigen Lotterien verboten, so zum Beispiel in Preußen durch die Verordnung vom 5. Juli 1847. Für die Durchführung öffentlicher Lotterien und Tombolas musste zuvor eine Erlaubnis eingeholt werden.

Erwähnenswert ist auch die Entscheidung des Reichsgerichts vom 29. April 1882, wonach das sogenannte Buchmachen bei Pferderennen und das Wetten am Totalisator als Glücksspiel zu betrachten sei.

Im Jahre 1904 veröffentlichte das k.u.k. Justizministerium eine Liste verbotener Spiele, welche durch viele Jahrzehnte beispielgebend war — diese Liste ist insofern bemerkenswert, als sich darunter auch einige spezielle Kegelspiele finden.

Im juristischen Sinne erfordert ein Glücksspiel als Einsatz einen Vermögenswert. Ist kein derartiger Einsatz nötig, d. h. kann man bei einem Spiel zwar Geld- oder Sachpreise gewinnen, aber nichts verlieren, so handelt es sich rechtlich um ein Gewinnspiel, zum Beispiel ein Preisausschreiben.

Das Veranstalten von Glücksspielen bedarf gegenwärtig entsprechend § 33h Gewerbeordnung einer behördlichen Erlaubnis, wenn es sich um ein öffentliches Spiel handelt.

Andernfalls stellt dies einen Verstoß gegen § 284 StGB dar. Dies ist dann der Fall, wenn das Spiel einem sich verändernden Personenkreis angeboten wird. Bereits die Beteiligung als Spieler ist nach § 285 StGB strafbar, sofern das Glücksspiel ohne behördliche Erlaubnis erfolgt.

Typologisierung

Obschon Glücksspiel anscheinend nicht vergleichbare Formen annehmen kann, etwa die wöchentliche Doppelkopfrunde im Freundeskreis, Pferdewetten im Hippodrom, Roulettespiel im Kasino und die räumlich ungebundene Lotterie, sind die Unterschiede nach Schütte vornehmlich durch soziologische Faktoren determiniert: Mode, Erreichbarkeit und Finanzierbarkeit.

Eine generelle psychologische Differenzierung ist seines Erachtens nicht erforderlich. Die soziologischen und psychologischen Faktoren interagieren und sind bei der Kategorisierung gleichbedeutend. Das normale Glücksspiel kann Ausdruck verschiedener Faktoren sein und aufgrund dieser typologisiert werden.

Sozioökonomische Faktoren

Das Glücksspiel kann in zwei separate Formen unterschieden werden: kostenintensives Glücksspiel mit sozialer Komponente und physischer Anwesenheit des

Spielers, beispielsweise Pferdewetten, sowie anonymes preiswertes Glücksspiel wie Lotto.

Je höher der sozialökonomische und berufliche Status, desto größer die Neigung zur erstgenannten Form. Dabei isoliert Schütte als Faktoren die wahrgenommene Notwendigkeit, dem eigenen sozialen Standard gemäß zu leben und Gleichgestellten Großzügigkeit und Reichtum zu präsentieren, um so Prestige und Anerkennung zu mehren. Das Glücksspiel ist hier ein Werkzeug der Abgrenzung der besser situierten von den unteren Schichten, die sich das „Ticket zum Spiel", also den hohen Einsatz, nicht leisten können. Dass es beim Pferdewetten nicht in erster Linie um Geldvermehrung geht, hat auch eine Studie von Chantal et al. bestätigt.

Das Zahlenlotto hingegen bietet insbesondere Personen in sozial niederen Schichten, die mit ihrem Alltag und gesellschaftlichen Status unzufrieden sind, die hoffnungsvolle Illusion, durch das Glücksspiel eine wirtschaftliche und soziale Mobilität erreichen zu können.

Hier kommt dem Glücksspiel allein durch Teilnahme eine egalisierende (gleichmachende) Funktion zu. Diese Form des Spieles ist geprägt von sehr hohen potentiellen Gewinnen, da ein sozialer Aufstieg nur durch enorme Geldmittelzuflüsse realisierbar ist. Diesem steht ein geringer Einsatz gegenüber, denn typischerweise verfügt dieser Spielertypus über geringe Barmittel. Schließlich ist es Sinn des Spieles, diese zu erlangen.

Hoher Gewinn und geringer Einsatz gehen zwangsläufig auf Kosten der Gewinnwahrscheinlichkeit, vor der der Spieler die Augen verschließt. Das treffende Beispiel ist das Lotto (die Zahlenlotterie). Die Wahrscheinlichkeit, in der Variante „6 aus 49" sechs Richtige zu wählen, liegt unter einem Zehnmillionstel – die Wahrscheinlichkeit, bei einem einzigen Versuch den Hauptgewinn mit sechs Richtigen und der richtigen Superzahl zu erzielen, liegt dementsprechend sogar nur bei 1: 139.838.160. Der typische Lottospieler unterliegt einer enormen Fehleinschätzung dieser Wahrscheinlichkeit.

Caillois sah 1960 deutliche Anzeichen von Eskapismus: Im Spiel wird künstlich eine Gleichheit der Menschen hergestellt, die in der Realität nicht vorliegt. Die Realität wird durch perfekte Situationen ersetzt und zum Ziele der Flucht aus ihr umgestaltet. Schütte begründet den Spielhang der unteren Schichten in der Kompensation der psychischen und materiellen Deprivation, die den Menschen unbefriedigt lässt. Die tägliche Arbeit ist hier eine reine Pflicht, deren einziger Gewinn der Lohn ist. Mit diesem nun sucht der Arbeiter, die durch die Arbeit hervorgerufene Entfremdung im Privaten zu kompensieren.

Das Glücksspiel suggeriert die Möglichkeit, sich von der Arbeit zu erholen, die Kontrolle über sein Leben zurückzuerlangen und Leistung und Erfolg gegen eine Konkurrenz durchzusetzen. Das Bedürfnis nach einer Demonstration von Selbstvertrauen, Entscheidungsfähigkeit und Unabhängigkeit bleibt in seiner Befriedigung dem Glücksspiel vorbehalten.

Situative Faktoren

Durch Gruppendruck und Belohnung durch gesellschaftliche Anerkennung kann eine Person zum Spielen angehalten sein. Für das Wirksamwerden ist eine leichte Erreichbarkeit des Glücksspiels erforderlich, etwa der Kiosk, der Lottoscheine annimmt.

Mittlerweile gewinnt das Internet an Bedeutung, wie sich an der aktuellen Diskussion über Lottoscheinannahme an der Supermarktkasse und private Vermittlerdienste im Internet ablesen lässt. Ferner begünstigt ein Unterangebot alternativer Beschäftigungen das Glücksspielverhalten.

Lernfaktoren

Der Spieler entwickelt aus einer beobachteten Spielserie eine bestimmte Erwartungshaltung. Gewinnt er häufig, so glaubt er an eine Glückssträhne und nimmt an, dass diese weiterhin anhalten wird. Verliert er jedoch häufiger, so redet er sich ein, dass das erfahrene Pech in der Zukunft kompensiert werden wird, um die Balance wiederherzustellen. In beiden Fällen also erwartet er zukünftige Gewinne, aber in beiden Fällen bleiben die Wahrscheinlichkeiten für Gewinn und Verlust absolut unverändert.

Es muss ein Ungleichgewicht von Gewinnen und Verlusten vorliegen, wobei die Gewinnhöhe irrelevant ist. Der

Lernprozess ist theoretisch mithilfe von Verstärkerplänen abbildbar, die ihr Maximum an Effizienz bei diskontinuierlicher Quotenverstärkung erreichen.

Faktoren der Wahrscheinlichkeitswahrnehmung

Der Mensch nimmt für gewöhnlich Wahrscheinlichkeiten verzerrt wahr. Wie die Prospect Theory beleuchtet, ist man Gewinnen gegenüber risikoavers und Verlusten gegenüber risikofreudig. Vergangene Ereignisse werden leicht in ihrem Repräsentationsgrad überschätzt.

Wenn eine Person einen Lottogewinner kennt, der mit seinen Geburtstagszahlen gewonnen hat, so ist sie versucht, dies für eine probate Strategie zu halten. Im Gegenteil bietet es sich an, nicht die oft benutzte 19 (Anfang aller Geburtsjahre des 20. Jahrhunderts) und die Monatszahlen von 1 bis 12 zu tippen, denn wenn man mit ihnen gewinnt, muss die Gewinnsumme unter mehr Gewinnern aufgeteilt werden als bei seltener getippten Zahlen.

Durch das Aufteilen des Geldes in kleine Einheiten beim Automatenspiel oder symbolische Fiktionalisierung in Form von Chips in Spielbanken – das von Spielbanken eingesetzte Spielgeld ist als Zahlungsmittel ebenso unbrauchbar wie das von Kindern – wird der reale Wert des

Geldes verschleiert und die Risikowahrnehmung abgeschwächt.

Rogers nennt eine weitere Verzerrung durch die falsche Annahme, dass die Wahrscheinlichkeit autokorrektiv wirkt, dass also über kurz oder lang alle Zahlenkombinationen gezogen werden und sich somit Beharrlichkeit sicher auszahlt, und dass alle Zahlen gleich häufig gezogen werden, dass also die Wahrscheinlichkeit bisher seltener Zahlen höher liegt als häufig gezogener.

Der Spieler versteht hier das Faktum nicht, dass jede Ziehung unabhängig von allen vorigen Ziehungen geschieht. Bereits gezogene Kombinationen und Zahlen sind genauso wahrscheinlich wie noch nicht gezogene (sogenannter Spielerfehlschluss). Als vermeintlicher Beleg wird oft das Gesetz der großen Zahlen fälschlicherweise als ein Gesetz des Ausgleichs interpretiert. Auch die häufig vorzufindende Annahme, die Gewinnwahrscheinlichkeit steige, wenn ein Jackpot nicht geknackt wurde, ist bei vielen Jackpot-Systemen ein Trugschluss. Man spricht dabei vom „Rollover Phenomenon".

Des Weiteren wird ein „Knapp-daneben-Phänomen" (Near Miss-Phenomenon) beobachtet, welches suggeriert, der Gewinn rücke stetig näher, wobei der Erstspieler in der Gegenwart die gleiche Gewinnwahrscheinlichkeit wie der Veteran hat.

Nach Reid wirkt ein Nahezu-Treffer in Geschicklichkeitsspielen motivierend, da die notwendige

Geschicklichkeit für einen Treffer nicht mehr fern scheint. Gepaart mit der Kontrollillusion führt dies dazu, dass auch bei Glücksspielen Nahezu-Treffer, beispielsweise eine Zahl neben der Kugel beim Roulette, den Spieler motivieren. Eine Studie von Côté et al. bestätigt, dass Nahezu-Gewinne zu ausdauernderem Spielen und vermehrtem Geldeinsatz führen.

Wahrnehmung von Geschicklichkeitsfaktoren

Eine tatsächliche oder vermeintliche Einflussnahme des Spielers auf die Gewinnchance erhöht den Reiz des Spieles und führt zu erhöhter Spielausdauer. Die Psychohygiene des Menschen richtet es ein, dass er Gewinne internal und Verluste external attribuiert. Dieser Kontrollillusion unterliegend überschätzt der Spieler die Gewinnwahrscheinlichkeit.

Bei Sportwetten, die augenscheinlich nicht vollkommen dem Zufall unterliegen, können die Spieler durch ihr Wissen die Wahrscheinlichkeiten besser einschätzen und ihre Gewinnchance somit erhöhen. Dennoch wird dies in den seltensten Fällen dazu führen, dass eine positive Gewinnerwartung vorhanden ist, da die Buchmachergebühren in aller Regel einen beträchtlichen Anteil der eigentlichen, mathematisch korrekten, Auszahlung ausmachen.

Wenn dieses Faktum ausgeblendet wird, dann entsteht beim Spieler die Illusion, das Spiel schlagen zu können, obwohl dies nicht der Fall ist. Selbst die Möglichkeit, ein Los zu ziehen oder Lottozahlen anzukreuzen, reicht aus, eine Kontrollillusion zu erzeugen, obwohl dies jeder Logik widerspricht. Hier wird das Spiel falsch klassifiziert. Es wird für ein Geschicklichkeitsspiel gehalten, obwohl es sich um ein Glücksspiel handelt. Dies schlägt sich auch in Beobachtungen nieder, dass Würfelspieler mehr Geld auf eigene Würfe als auf die Fremder zu setzen bereit sind.

Es treten Rituale auf, die aus Sicht des Spielers die Gewinnwahrscheinlichkeit positiv beeinflussen, oder der Irrglaube, es gebe Menschen mit mehr oder weniger Glück. Griffiths konnte zeigen, dass hinsichtlich der Geschicklichkeitswahrnehmung deutliche Unterschiede bestehen. Während weniger als die Hälfte der Normalspieler glaubt, der Erfolg am Spielautomaten hänge hauptsächlich von der Geschicklichkeit ab, waren sämtliche exzessive Spieler dieser Meinung.

Jegliches Spiel kann durch ein Aufheben der Abgrenzung zur Realität korrumpiert werden. Der größte Feind ist der Aberglaube. Die Versuchung ist groß, die Realität als Glücksspiel zu sehen und somit in einen passiven und resignativen Fatalismus und Determinismus abzurutschen. Ebenso kann der Aberglaube in die Welt des Spieles eindringen, indem Wahrsager den Ausgang des Spieles zu antizipieren suchen. In beiden Fällen wird der Spielgedanke zersetzt.

Sucht

Spieler, die unfähig sind, dem Impuls zum Glücksspiel zu widerstehen, auch wenn dies gravierende Folgen im persönlichen, familiären oder beruflichen Umfeld nach sich zieht oder diese zumindest drohen, werden als pathologische Spieler bezeichnet.

Laut Hayer, Meerkerk und Mheen repräsentieren insbesondere junge Männer eine Risikogruppe des pathologischen Glücksspiels. Die Erfassung von Spielercharakteristika und Entwicklungen des Spielverhaltens im Zusammenhang mit den Frühstadien und Suchtprogressionen sind bedeutsam für die Entwicklung von Präventions- und Behandlungsmaßnahmen:

"[...], problem gambling has emerged as the primary issue raised by gambling liberalisation. In this way, the pathological gambler, rather than the process of gambling liberalisation, has been constructed and mobilised as the object of policy and intervention."

Die Bezifferung der Höhe der Kosten durch die Spielsucht ist unter Wissenschaftlern umstritten. Eine Studie der Forschungsstelle Glücksspiel schätzt die jährlichen Sozialkosten pathologischer Spieler in Deutschland auf 300 bis 600 Millionen Euro (im Vergleich zu 20 bis 50 Mrd. Euro beim Tabakkonsum und 20 bis 30 Mrd. Euro beim Alkoholkonsum), wobei der durch gewerblich betriebene Spielautomaten verursachte Anteil mit 225 Millionen Euro beziffert wird.

Auf dieser Basis kommt eine von der Spielautomatenwirtschaft finanzierte und in Auftrag gegebene Analyse vom Forschungsinstitut für Glücksspiel und Wetten zum Schluss, dass obgleich es sich bei der Spielsucht um eine ernstzunehmende Krankheit handelt, die volkswirtschaftlichen Auswirkungen bei Heranziehen einer Kosten-Nutzen-Analyse weit unter jenen Wohlfahrtskosten liegen, welche durch Alkohol- und Tabakmissbrauch entstehen, durch die jährliche Sozialkosten von 40 Milliarden Euro entstünden.

Speziell für den Bereich der gewerblich betriebenen Spielautomaten werden in der Analyse jährliche Sozialkosten von 225 bis 300 Millionen Euro volkswirtschaftlichen Nutzen (Einnahmen) von 1,37 Milliarden Euro gegenübergestellt.

Besonders suchtgefährdend sind laut der Bundeszentrale für gesundheitliche Aufklärung Sportwetten im Internet und Glücksspiel-Automaten. Nach einer Untersuchung der Universitäten Greifswald und Lübeck sind rund 193.000 Menschen in Deutschland krankhaft spielsüchtig.

Das Forschungsinstitut für Glücksspiel und Wetten kommt in einem wissenschaftlichen Kurzgutachten zum Schluss, dass bei der Bewertung der Suchtpotentiale anhand absoluter Zahlen zum pathologischen Spielverhalten nicht auf das Gefährdungspotential von Spielformen geschlossen werden kann.

Anhand einer Bewertung, die neben der Zahl der pathologischen Spieler ebenfalls die Intensität des jeweiligen Spiels und die Bruttospielerträge miteinbezieht (Pathologie-Potenzial-Koeffizient), kommt das Gutachten zu dem Ergebnis, dass die pathologischen Suchtpotentiale dieser Spielformen eventuell verzerrt dargestellt werden.

Eine Untersuchung des Glücksspielverbots in Wien zeigt, dass sich durch das Verbot des sogenannten „Kleinen Glücksspiels" Spielsüchtige den expandierenden illegalen Spielanbietern zuwenden.

Illegales Glücksspiel und organisierte Kriminalität

Unter anderem wegen der Suchtgefahr gilt Glücksspiel in vielen Gesellschaften als unmoralisch. Ungeregeltes Glücksspiel ist in den meisten Staaten illegal und wird oft von der organisierten Kriminalität betrieben; legales Glücksspiel unterliegt meist diversen Einschränkungen. Ein Beispiel hierfür ist die in Glücksspiel und Drogenhandel verstrickte XY-Bande in Brandenburg.

In Deutschland werden klassische Glücksspiele und Spielautomaten in Spielbanken angeboten. Spielautomaten, deren Einsatz- und Gewinnmöglichkeiten begrenzt sind, dürfen auch in Spielhallen und Gaststätten betrieben werden. Lotto und Rubbellose werden über Annahme- und

Verkaufsstellen distribuiert, bei denen es sich meist um Zeitschriften- und Tabakläden handelt.

Ferner angeboten werden Lotterien, insbesondere zu wohltätigen Zwecken wie Aktion Mensch. Während es auf Grundlage des 1922 in Kraft getretenen Rennwett- und Lotteriegesetzes über hundert Buchmacher gibt, sind die Angebote von Sportwetten, wie sie in Sportwettlokalen und über das Internet abgeschlossen werden können, relativ neu.

Online-Casinos dürfen in Deutschland außer in Schleswig-Holstein nicht betrieben werden. Auch das Spielen in einem ausländischen Online-Casino ist strafbar (§ 285 StGB).

Nach einer 2015 von der Bundeszentrale für gesundheitliche Aufklärung (BZgA) durchgeführten Studie beteiligten sich 37,3% der Deutschen an Glücksspielen. Bei den Männern fällt die Teilnahme mit 43,3% höher aus als bei den Frauen mit 31,3%. 2015 betrug der Bruttospielertrag, d. h. die Summe der getätigten Einsätze abzüglich der ausgeschütteten Gewinne, ca. 10,4 Milliarden Euro pro Jahr für gesetzlich in Deutschland regulierte Spielangebote und weitere 2,3 Milliarden Euro für unregulierte Spielangebote (illegale wie grenzüberschreitende Online-Angebote). Dies entspricht gegenüber dem Vorjahr einer Steigerung von 8% in Bezug auf alle Spielangebote, wobei allerdings der unregulierte Anteil einen Zuwachs von 30% verzeichnete.

Für Glücksspiele und Wetten sind die Bundesländer zuständig. 2016 betrugen die Einnahmen aus Lotto und Lotterien 3,6 Milliarden Euro. Zur Regulierung des Glücksspielmarktes schlossen die Bundesländer einen Glücksspielstaatsvertrag ab, der nach entsprechenden Gerichtsurteilen bisher zweimal novelliert werden musste. Darin geregelt sind Lotto, Lotterien, Sportwetten, Spielbanken sowie die Aufstellung von Geldspielgeräten in Spielhallen, nicht aber die Anforderungen an die Geldspielgeräte. Deren Eigenschaften werden durch die Spielverordnung sowie durch die Gewerbeordnung geregelt. Es stehen etwa 190.000 Geldspielgeräte in rund 9.100 deutschen Spielhallen und 77.000 Geräte in Gaststätten.

Die Gauselmann-Gruppe als größter Spielautomaten-Hersteller in Deutschland machte 2016 einen Gesamtumsatz von rund 1,7 Milliarden Euro.

Glücksspiel in Österreich

Nach der Einführung restriktiver Gesetze für verschiedene Arten von Glücksspiel wurde im Jahr 2016 von Polizei und Behörden auch strenger gegen illegal betriebene Glücksspielautomaten vorgegangen. In den ersten 4 Monaten des Jahres 2016 wurden 860 Glücksspielautomaten (davon 375 in Oberösterreich und 110 in Wien) vom Staat eingezogen, um sie nach Abwicklung der Verfahren im Erfolgsfall zu vernichten.

Durch die stärkere Reglementierung insbesondere bei Glücksspielautomaten kam es zu einer Umsatzverlagerung hin zu Sportwetten und Online-Casinos bei gleichzeitigem Gewinnrückgang der Spielbanken und klassischen Anbieter. Im Jahr 2016 stiegen die Spiel- und Wetteinsätze um 9,9 % gegenüber dem Vorjahr auf 17,9 Milliarden Euro.

Glücksspiele in der Schweiz

Eine Studie im Auftrag der Eidgenössischen Spielbankenkommission und des Bundesamtes für Justiz aus dem Jahr 2004 hat ergeben, dass 21,2 % der Schweizer Bevölkerung über 18 Jahren häufig an Glücksspielen teilnehmen. Dabei spielen Bewohner der französischen und italienischen Schweiz tendenziell häufiger als Bewohner der deutschsprachigen Schweiz. Der Großteil der Spieler, nämlich ungefähr 20,6%, spielt Lottoangebote wie Zahlenlotto, Toto, Sportlotto oder ähnliche Spiele. 7% der Schweizer nutzen ausländische Lotterien.

Glücksspiele weltweit

Die Zuständigkeit für Glücksspiele in den USA liegt bei den Bundesstaaten, die meist sogenannte „Gaming Control Boards" (Glücksspielkontrollbehörden) haben, welche die Einhaltung der jeweiligen Regularien sicherstellen. Eine Besonderheit in den USA ist das „Indian Gambling" (Indianer-Glücksspiel), welches Indianerstämmen unabhängig von den Gesetzen der Bundesstaaten erlaubt, Casinos auf eigenem Land zu betreiben. Mit Indian Gambling wurden 2012 26,5 Milliarden Dollar umgesetzt. Insgesamt setzten Casinos in 2016 rund 57,5 Milliarden Dollar um.

Lotterien werden in den USA ebenfalls von den Bundesstaaten ausgerichtet. In 44 der 50 Staaten sowie im District of Columbia, in Puerto Rico und auf den Amerikanischen Jungferninseln gibt es Lotterien. 2011 betrugen die Lotterieeinnahmen der Bundesstaaten die Lotterien betreiben insgesamt 17,9 Milliarden Dollar.

Nach den Nettoaufwendungen pro Person, bei denen die Spielgewinne von den Einsätzen abgezogen werden, führt Australien die weltweite Statistik der Glücksspielverbreitung an. Im Jahr 2010 wendete ein Australier im Durchschnitt 1288 $ für Glücksspiele auf, gefolgt von Singapur, wo die Aufwendungen 1174 $ betrugen. Europäische Länder belegen in der Rangliste die Plätze 4 (Irland: 588 $), 5 (Finnland: 533 $), 6 (Italien: 517 $), 8 (Norwegen: 448 $), 9 (Griechenland: 420 $) und 10 (Spanien: 418 $). Deutschland ist in diesem Top-Ten-Ranking nicht aufgeführt. Der auf das Jahr 2012 bezogene Vergleichswert beläuft sich auf circa 132 € (198 $).

Ausschüttungsquote

Die Ausschüttungsquote gibt bei Lotterien, Sportwetten und ähnlichen Spielen an, welcher Anteil an den Einsätzen in Form von Gewinnen wieder an die Spieler ausgeschüttet wird.

Spiele nach dem Totalisatorprinzip

Bei Spielen nach dem Totalisator-Prinzip wie etwa dem Lotto 6 aus 49 bzw. 6 aus 45, dem Toto, den Wetten am Totalisator beim Pferderennen oder der Calcutta-Auktion ist die Ausschüttungsquote fix eingestellt: Die Einsätze werden aufsummiert, von diesem Pool wird ein fest vorgegebener Prozentsatz abgezogen und der Rest wird wieder an die Spieler bzw. Wett-Teilnehmer ausgeschüttet.

Lotterien mit festen Quoten

Bei Lotterien mit festen Quoten, z. B. der Klassenlotterie bestimmt man die erwartete oder mittlere Ausschüttungsquote durch folgendes Gedankenexperiment: Man berechnet die Summe aller möglichen Gewinne (Gesamtgewinnsumme) und setzt diese in Relation zu den Kosten für den Kauf aller Lose. Dieser Quotient gibt den Erwartungswert bzw. den Fair value eines Loses an – der natürlich kleiner als der Lospreis ist.

Wenn es der Lotteriegesellschaft gelingt, sämtliche Lose zu verkaufen, so stimmt die so errechnete Ausschüttungsquote mit der tatsächlichen Ausschüttungsquote überein. Kann aber der Veranstalter nicht alle Lose verkaufen, so kann die tatsächliche von der erwarteten Ausschüttungsquote erheblich abweichen. Der − freilich unrealistische − Extremfall wäre dann gegeben, wenn die Lotteriegesellschaft nur ein einziges Los verkaufen kann und auf dieses der Hauptgewinn entfällt.

Sportwetten

Im Prinzip lässt sich die Ausschüttungsquote bei einer Buchmacher-Wette, d. h. einer Sportwette mit festen Quoten als Erwartungswert wie folgt definieren: Ist p die Gewinn-Wahrscheinlichkeit und Q die (Brutto-)Gewinnquote, so ergibt sich die erwartete Ausschüttungsquote als Produkt

$$\mathbb{E} = p \cdot Q \cdot 100\,\%$$

Diese Definition ist jedoch für praktische Zwecke wenig zufriedenstellend, da die Gewinnwahrscheinlichkeit − z. B. mit welcher Wahrscheinlichkeit gewinnt Fernando Alonso den Grand Prix von Monaco? − nicht exakt bestimmbar ist und kaum hinreichend genau geschätzt werden kann.

Die Ausschüttungsquote kann jedoch mithilfe eines Gedankenexperiments näherungsweise bestimmt werden, dies sei anhand des folgenden Beispieles erläutert. Angenommen ein Buchmacher bietet anlässlich eines Fußball-Spieles für die drei möglichen Ausgänge 1, X und 2 die Quoten 1.25, 5.00 und 10.00, so setzen wir in Gedanken auf jeden der drei Ausgänge gerade soviel, dass wir im Gewinnfalle 100€ zurückerhalten; also

- 100/1.25 = 80€ auf 1,
- 100/5 = 20€ auf X und
- 100/10 = 10€ auf 2.

Der Gesamteinsatz beträgt somit 80 + 20 + 10 = 110€, wir erhalten nun – unabhängig vom Ausgang des Spieles – 100€ retour, d. h. 90,91% unseres Einsatzes.

Die Formel für die Errechnung der Ausschüttungsquote lautet:

$$\mathbb{E} = \frac{1}{\frac{1}{Q(1)} + \frac{1}{Q(X)} + \frac{1}{Q(2)}} \cdot 100\,\%,$$

im obigen Beispiel:

$$\mathbb{E} = \frac{1}{\frac{1}{1,25} + \frac{1}{5,00} + \frac{1}{10,00}} \cdot 100\,\% = 90,91\,\%$$

Dieses Verfahren ist im Finanzbereich als Hedging bekannt, die so berechnete Ausschüttungsquote nennt man daher auch Hedge-Quote. Würden im obigen Beispiel alle drei Wetten denselben Erwartungswert besitzen, so wäre dieser gleich der Hedge-Quote. Tatsächlich liegt der Erwartungswert für eine Wette auf den Favoriten, im obigen Beispiel also die Wette auf 1, etwas höher und der Erwartungswert für die Wette auf den Außenseiter, im obigen Beispiel also die Wette auf 2, etwas niedriger. Die Hedge-Quote stellt somit ein gewogenes Mittel der Erwartungswerte dar.

Die Hedge-Quoten bei Wetten mit zwei möglichen Ausgängen (z. B. Tennis) liegen zumeist bei ca. 90%, bei Wetten mit drei möglichen Ausgängen wie etwa Fußball oft nur bei ca. 85% und bei Ereignissen mit mehr als drei möglichen Ausgängen vielfach sogar noch deutlich darunter, zum Vergleich: die Ausschüttungsquote bei den mehrfachen Chancen des Roulette beträgt 97,30%, bei den einfachen sogar 98,65%.

Setzt man bei einem Ereignis auf alle möglichen Ausgänge bei verschiedenen Buchmachern zu den jeweils besten verfügbaren Quoten denjenigen Betrag, um unabhängig vom Ausgang des Ereignisses stets z. B. 100€ zu erhalten, kann man gelegentlich einen Arbitrage-Gewinn erzielen, nämlich genau dann, wenn die Auszahlungsquote > 1 gilt — solche englisch Sure bet genannten Bündel von Wetten sind jedoch selten möglich.

Ausschüttungsquote und Bankvorteil

Während es bei Lotterien und Sportwetten üblich ist, die Ausschüttungsquoten anzugeben, ist es bei anderen Glücksspielen wie etwa Roulette, Baccara oder Black Jack gebräuchlich, den Bankvorteil zu berechnen. Diese beiden Begriffe hängen sehr eng zusammen: Ausschüttungsquote plus Bankvorteil ergeben stets 100%; beträgt etwa die Ausschüttungsquote 98%, so beträgt der Bankvorteil 2%.

Bei einem fairen Spiel (vgl. Martingal), d. h. einem Spiel, bei dem keiner der Beteiligten einen mathematischen Vorteil gegenüber der Gegenseite besitzt, beträgt die erwartete Ausschüttungsquote 100%. Die Ausschüttungsquoten der von Lotteriengesellschaften, Wettbetreibern und Casinos angebotenen Glücksspiele liegt natürlich unter 100%, um so dem Betreiber langfristig einen Profit zu ermöglichen.

Beispiele für Ausschüttungsquoten bei gängigen Glücksspielen

- Süddeutsche Klassenlotterie: 51,36%
- Norddeutsche Klassenlotterie: 48,64%
- Deutsches Lotto "6 aus 49": 50%
- Eurojackpot Lotterie: 50%
- Spanische Weihnachtslotterie: 70%
- Französisches Roulette (eine Null, keine Sperrung bei Zéro): 97,3% (d. h., Bankvorteil 2,7%)

Bankvorteil

Als Bankvorteil, engl. Edge (dt. Vorsprung, Vorteil), House edge, kurz House oder Percentage, bezeichnet man bei Glücksspielen den erwarteten Verlust des Spielers bezogen auf seinen Einsatz.

Beispiel:
Setzt ein Spieler zum Beispiel einen Betrag von 100 € beim Roulette auf eine Gruppe von vier Zahlen, so erhält er mit einer Wahrscheinlichkeit von 4/37 einen Gewinn in Höhe von 800 € (die Gewinnquote beträgt bei einem Satz auf vier Nummern 8:1) und er verliert mit einer Wahrscheinlichkeit von 33/37 seinen Einsatz von 100 €.

Der erwartete Gewinn des Spielers beträgt daher 4/37 × 800 € + 33/37 × (-100 €) = -2,70 € oder -2,70 % seines Einsatzes oder anders gesagt beträgt der erwartete Verlust des Spielers bzw. der erwartete Gewinn des Bankhalters 2,70 % des Einsatzes des Spielers.

In den USA wird der Begriff der Percentage gelegentlich auch so interpretiert, dass der erwartete Gewinn des Bankhalters auf den Einsatz des Bankhalters bezogen wird. Im vorangehenden Beispiel ergibt sich dann der wesentlich niedrigere Wert von 0,3375 %, da der Gewinn von 2,70 € durch den um vieles höheren Einsatz des Bankhalters, nämlich 800 € dividiert wird.

Probleme bei der Definition

Bei einigen Glücksspielen, wie etwa Baccara ist es möglich, dass ein Spiel unentschieden endet. Im Allgemeinen werden unentschiedene Spiele bei der Berechnung des Bankvorteils nicht berücksichtigt (vgl. etwa Baccara – Punto Banco) – das ist jedoch keineswegs immer der Fall, bei komplexeren Spielen wie Black Jack wird davon abgesehen, um zusätzliche definitorische Probleme zu vermeiden.

Bei einigen Glücksspielen, wie etwa Black Jack, aber auch Red Dog, Tropical Stud, Easy Poker, darf der Spieler seinen Einsatz unter Umständen während des Spieles verändern. Bei Angaben bezüglich des Bankvorteils ist daher zu beachten, ob der erwartete Gewinn der Spielbank auf den Einsatz zu Beginn des Spieles oder auf den erwarteten Gesamt-Einsatz des Spielers bezogen wird: Beginnt etwa ein Spieler eine Runde Black Jack mit einem Einsatz von 100 €, so beträgt sein erwarteter Einsatz in diesem Spiel aufgrund der Möglichkeit des Teilens bzw. Verdoppelns bei optimalem Spiel 111,67€).

Bei Glücksspielen, die dem Spieler im Verlauf eines einzelnen Spieles gewisse Entscheidungsmöglichkeiten offenlassen, wird bei der Bestimmung des Bankvorteils grundsätzlich davon ausgegangen, dass der Spieler stets die im Sinne der Wahrscheinlichkeitstheorie optimale Entscheidung trifft.

Ausschüttungsquote und Bankvorteil

Während es bei Glücksspielen wie etwa Roulette, Baccara oder Black Jack üblich ist, den Bankvorteil anzugeben, ist es bei Lotterien und Sportwetten gebräuchlich, die Ausschüttungsquoten zu berechnen. Diese beiden Begriffe hängen sehr eng zusammen: Ausschüttungsquote plus Bankvorteil ergeben stets 100 %; beträgt etwa die Ausschüttungsquote 98 %, so beträgt der Bankvorteil 2 %.

Spielbank

Eine Spielbank oder ein Spielkasino (auch Casino, Spielcasino oder Kasino) ist eine öffentlich zugängliche Einrichtung, in der staatlich konzessioniertes Glücksspiel betrieben wird.

Historisches

Das Wort „Casino" kommt aus dem Venezianischen und bezeichnete ursprünglich die privaten Räumlichkeiten, die die venezianischen Nobili in der Nähe des Dogenpalastes unterhielten, um dort ihre Amtstracht anzulegen, mit der sie zur Versammlung des Großen Rates bzw. als Amtsperson zu dessen Kommissionen und Regierungsgremien zu erscheinen hatten. Bald wurden diese Räumlichkeiten auch als Stätten der Geselligkeit genutzt und zum Synonym für Spielbank bzw. Spielcasino. Auch kleine Baulichkeiten auf den venezianischen Landsitzen in der Terraferma wurden so bezeichnet.

Das Wort „Casino" bedeutet eigentlich nur „kleines Haus", mithin das Gleiche wie „Ridotto" = Palazzo reduto. Casinos wurden für verschiedene Zwecke genutzt, nicht nur als Vergnügungsstätten. Giacomo Casanova wohnte zeitweise in von ihm gemieteten bzw. ihm von seinen Gönnern überlassenen Casinos, wie man aus seinen Memoiren („Histoire de ma vie") weiß.

1638 wurde im Palazzo Dandolo das erste öffentliche Spielcasino Venedigs – das sogenannte Ridotto (San Marco 1362) – eröffnet; Mitte des 17. Jahrhunderts waren es schon über 100.

Die Glücksspielhäuser wurden in Venedig von Privatleuten – zumeist venezianische Nobilhomini – betrieben, bedurften aber einer Art offizieller Lizenz.

Es gab bis 1797 aber auch Spielstätten bzw. -buden, die quasi illegal unterhalten wurden. Als in einer Attacke puristischer Kräfte das Ridotto am 27. November 1774 geschlossen wurde, sei das Ausbleiben der Fremden sofort zu spüren gewesen, rechnet eine anonyme Denkschrift vor:

30.000 Masken seien weniger verkauft worden, was mit einem Verlust von 600.000 Lire veranschlagt wird. Es komme auch zu Umsatzrückgängen im Textilgewerbe, bei den Gondolieri, den Gastwirten. „Es genügt wohl", so schließt die Schrift, „wenn ich sage, dass über dreißig Manufakturen ohne Beschäftigung sind."

Aber so gravierend können die Auswirkungen nicht gewesen sein, denn nach der Schließung des Ridotto entstanden namentlich in Cafés mehr Spielhöllen als zuvor. Zum Ende der Republik 1797 waren es 136. Jetzt gibt es in Venedig (seit 1945) nur noch das Casinò im Palazzo Vendramin-Calergi am Canal Grande.

Eine Institutionalisierung des Glücksspiels gab es seit dem 18. Jahrhundert in ganz Europa in den Residenzstädten, in Bädern und Kurorten, auf Jahrmärkten, Messen und adligen Bällen.

Laut historischen Quellen fand bereits seit 1170 in Venedig das erste Glücksspiel unter freiem Himmel statt, besonders in Zeiten des venezianischen Karnevals. Die ersten konzessionierten Spielhäuser waren im 14./15. Jahrhundert in Holland und Flandern anzutreffen.

Das erste deutsche Spielhaus fand sich 1396 in Frankfurt am Main. 1638 wurde die venezianische „Ridotto" erster ausschließlicher Glücksspielort. 1720 wurde die erste Spielbank in deutschen Landen in Bad Ems gegründet. 1763 wurde in Spa das „Redoute" eröffnet, das sich binnen Kurzem zu einer der größten Glücksspielmetropolen entwickelte.

Mit der französischen Revolution wurden jedoch sämtliche Casinos geschlossen. Dadurch wurden die deutschen Länder zum Zentrum der Glücksspieler, insbesondere die Casinos in Aachen und Baden-Baden (1824).

1841 schafften die Franzosen François Blanc und Louis Blanc mit der Gründung der Spielbank von Bad Homburg vor der Höhe die Doppel Zero ab, wodurch das Bad Homburger Casino zur erfolgreichsten Spielbank dieser Zeit wurde. 1866 schrieb Dostojewski in Bad Homburg den Roman Der Spieler.

1863 übernahm François Blanc das Casino von Monte Carlo, das schließlich zur „Welthauptstadt des Luxus und des Glücksspiels" wurde. Diese Verschmelzung von Glücksspiel, Kunst und Entertainment wurde rund 100 Jahre später zum Vorbild von Las Vegas. Nachdem die Casinos in Nevada zuerst fest in der Hand der Mafia waren, wich die Bandenwirtschaft in den 1960er Jahren zunehmend dem Shareholdermanagement. In Deutschland bestand von 1871 bis 1933 offiziell ein Glücksspielverbot.

Konzessionierung

Glücksspielgeräte innerhalb konzessionierter Spielbanken unterliegen in Deutschland jedoch nicht der für Spielhallen gültigen Spielverordnung, somit auch nicht derer Begrenzungen, sondern der jeweiligen Ländergesetzgebung.

Konzessionierte Spielbanken unterliegen stattdessen einer permanenten Kontrolle durch Finanzbehörden (körperliche Anwesenheit von Finanzbeamten / technische Überwachung / tägliche Abrechnung) und verfügen über Zutrittskontrollen (Besucherkartei, Türbewachung) sowie über ein bundesweites Sperrsystem für spielsuchtgefährdete Menschen (OSD).

Spielangebot

Den größten Anteil am Bruttoertrag erhalten die deutschen Spielbanken durch das Automatenspiel, 2018 waren es 77,6% von insgesamt 685 Millionen Euro.

In den meisten Spielbanken weiterhin angeboten werden die klassischen Glücksspiele wie Roulette und Black Jack, bei Resonanz der Gästeschaft gegebenenfalls erweitert um das Kartenspiel Baccara sowie verschiedene Arten von Poker. Der Ablauf dieser Spiele wird von Croupiers oder Dealern geleitet. Dabei setzen die Spieler nach festgelegten Spielregeln entweder mit Geld oder mit vor Spielbeginn gegen Geld eingetauschten Spielmarken, den sogenannten Jetons oder Chips.

Zutritt und Etikette

Grundsätzlich haben nur volljährige Personen mit einem gültigen Ausweis Zutritt zu einem Spielcasino (das Alter kann in einigen Ländern variieren, z. B. in den Vereinigten Staaten erst ab 18 oder 21, teilweise gar erst ab 25 Jahren, in Liechtenstein und der Schweiz ab 18 Jahren und in Deutschland je nach Bundesland ab 18 oder 21).

Historisch bestand meist ein Residenzverbot, d. h. ein Verbot für die Einwohner des Ortes, in dem die Spielbank liegt, zur Teilnahme am Spielbetrieb.

Die meisten Spielbanken legen Wert auf Etikette, auf deren Einhaltung insbesondere traditionelle Häuser achten. Auch die Gästeschaft der neuen Casinos in der Schweiz unterliegt beim Betreten der Etablissements in vielen Häusern einer Kleiderordnung.

Während in der Schweiz von starren Vorschriften abgesehen und die Gesamterscheinung der am Spiel teilnehmenden Personen in Augenschein genommen wird, sind viele der österreichischen und deutschen Spielbanken noch vorschriftsbezogen auf die einzelnen Kleidungsstücke, wie die Verpflichtung der Herren des Tragens von Sakkos, Krawatten oder Fliegen auf Hemdkragen und die Untersagung von Sport- und Arbeitsschuhen sowie Kopfbedeckungen.

Aussperrung

Die Leitung einer Spielbank kann Spieler vom Spiel zeitweilig durch Aussprechen des Hausverbots auf kommunaler Ebene am Spiel hindern oder langfristig und flächendeckend durch die sogenannte Sperrung. Ein Hausverbot wird meist aus Gründen, die in der Person des Spielers selbst zu finden sind (beispielsweise bei pathologischem Spielen oder im Fall des Bekanntwerdens der Gefährdung der wirtschaftlichen Verhältnisse) oder aus Gründen der Tragfähigkeit betroffener Spieler durch ihr Verhalten innerhalb der Gästeschaft ausgesprochen. Ein erteiltes Hausverbot bedarf keiner Rechtfertigung gegenüber den Betroffen.

Die Sperrung hingegen umfasst den Ausschluss von der Teilnahme am Glücksspiel über die aussprechende Spielbank hinaus in allen an das Netz der an die Informationsübermittlung der Sperrung angeschlossenen Lizenznehmer für öffentliches Glücksspiel in Europa.

Die Sperrung von Spielern muss durch Einzeleingabe der jeweiligen Personendaten unter Verzicht der Angabe von Gründen in einem komplizierten Vorgang von Spielbank zu Spielbank mitgeteilt werden, da die Führung einer Datenbank mit Zugriffsrechten für alle angeschlossenen Lizenznehmer des öffentlichen Glücksspiels den europäischen Datenschutzbestimmungen widersprechen würde.

Der Grund für eine Sperrung hingegen muss dem Betroffenen gegenüber rechtlich begründet und somit auf Grund seiner Tragweite stichhaltig sein; typischerweise zählen Bandenspiel und Betrug (insbesondere Spielbetrug) oder der Versuch hierzu, zu den häufigsten Gründen, sowie andere strafrechtlich relevante Umstände, als auch eklatante, vorsätzliche Verstöße gegen die Regeln der Spieleanbieter.

Darüber hinaus können Spieler bei berechtigtem Interesse der Öffentlichkeit behördlicherseits gesperrt werden oder aus Selbstschutzgründen sich selbst kommunal, national oder international sperren lassen. In Nevada werden Spieler, wenn sie aus allen Casinos ausgeschlossen werden, im sogenannten Black Book eingetragen.

Besteuerung und Verdacht der Geldwäsche

Glücksspielgewinne sind steuerfrei, weshalb sie im Zusammenhang mit Schwarzgeld und Geldwäsche stehen können. Nach Einschätzung des Bundeskriminalamts besteht der Verdacht, dass Spielbanken für Geldwäsche genutzt werden. Es gibt unzählige Möglichkeiten, Spielbanken für Geldwäsche zu nutzen; diese können beispielsweise in der Ausstellung von Schecks seitens der Spielbank oder in der Eröffnung von Spielkapitaldepots zur Nutzung für Spieler bestehen.

Die Financial Intelligence Unit des Bundeskriminalamts (BKA/FIU) stellte im Jahresbericht 2003 auf Seite 12 zu diesem Thema fest:

„Trotz der weit verbreiteten Vermutung der Nutzung von Spielbanken für Geldwäscheaktivitäten wurde der FIU im Jahr 2003 von Spielbanken nur eine einzige Verdachtsanzeige gemeldet."

Im Vergleich hierzu haben in den Vereinigten Staaten Casinos und Card Clubs im Jahr 2003 insgesamt 5095 Geldwäscheverdachtsmeldungen weitergeleitet.

Die hohen Steuereinnahmen aus dem Glücksspiel dämpfen den politischen Willen, die Geldwäsche bei der in

Spielbanken unerlässlichen Kapitalzirkulation mit gesetzlichen Mitteln wirkungsvoller zu unterbinden. Im Bericht zur 174. Sitzung der ständigen Innenministerkonferenz der Länder vom 8. Juli 2004 in Kiel äußerte das Bundesinnenministerium seine Sorge über die unzureichende Implementierung der Geldwäschevorschriften in Spielbanken.

„Im Rahmen einer Umfrage im Jahr 2003 hat das Bundesministerium des Innern angesichts der auffallend geringen Zahl von Ersthinweisen u. a. aus dem Bereich der Spielbanken in den Jahren 1998 bis 2002 allerdings Zweifel an der ausreichenden Implementierung der Geldwäschevorschriften in diesen Bereichen geäußert."

In den Annexes zum Jahresbericht 2003–2004 machte die Financial Action Task Force on Money Laundering (FATF) auf Lücken bei den Regeln zur Geldwäsche-Bekämpfung in Deutschland aufmerksam. Konkret kritisierte die FATF in Annex C, dass es in Deutschland an speziellen Strafbestimmungen für Fälle fehle, in denen unterlassen wurde, die Behörden über Geldwäsche verdächtige Geldtransaktionen zu informieren. Auf diese Kritik wurde bisher nicht reagiert.

Seit dem 15. Juni 2003 müssen alle Mitgliedstaaten der EU die „Zweite Geldwäscherichtlinie" (Richtlinie 2001/97) in einzelstaatliches Recht umgesetzt haben, in dieser werden auch Casinos erfasst. Nach den Urteilen des Europäischen Gerichtshofes, zuletzt in der Rechtssache C-243/01 Piergiorgio Gambelli u. a. vom 6. November 2003, dürfen die EU-Mitgliedstaaten Glücksspiele nur aus Gründen des Allgemeininteresses – wie dem Schutz vor Geldwäsche oder Spielsucht – beschränken.

Feiertage

Die deutschen Spielbanken sind grundsätzlich täglich geöffnet. Ausnahmen sind in Bundes- oder Landesgesetzen geregelt oder basieren auf internen Regelungen der Konzessionshalter. An folgenden Tagen sind Spielbanken geschlossen:

- Neujahr (vereinzelte Schließungen aufgrund interner Regelungen, z. B. Potsdam)
- Karfreitag (bundesweit konfessionsunabhängig)
- Fronleichnam (in den Bundesländern mit überwiegend katholischer Bevölkerung)
- Tag der Deutschen Einheit (nur in Bundesländern mit „alter" Feiertagsregelung)
- Allerheiligen (in den Bundesländern mit überwiegend katholischer Bevölkerung)
- Reformationstag (in den Bundesländern mit überwiegend protestantischer Bevölkerung)
- Buß- und Bettag (nur im Bundesland Sachsen)
- Volkstrauertag (bundesweit konfessionsunabhängig)
- Totensonntag (bundesweit konfessionsunabhängig)
- Heiligabend (bundesweit konfessionsunabhängig)
- Erster Weihnachtsfeiertag (in den meisten Bundesländern konfessionsunabhängig)

- Silvester (vereinzelte Schließungen aufgrund interner Regelungen, z. B. Berlin)

Spielhalle

Als Spielhalle, Spielothek, Spielcasino, in der Schweiz Spielsalon – in beabsichtigter Annäherung an konzessionierte Spielbanken auch als Casino (z. B. Big Cash-Casino, Automatencasino) – werden Einrichtungen bezeichnet, in denen dem volljährigen Kunden verschiedene Arten von Spielautomaten und Videospielen angeboten werden.

Früher bezahlte der Kunde jeweils mehrere Spielversuche einzeln, indem er eine oder mehrere Münzen in das entsprechende Gerät einwerfen musste. Mittlerweile werden in aktuellen Geldspielautomaten Geldscheine als Zahlungsmittel üblich, sodass man gleich ein größeres Guthaben einzahlen kann. Spielhallen machten 2014 deutschlandweit einen Umsatz von fast 5 Milliarden Euro.

Geschichte

Die ersten Spielhallen entstanden bereits im späten 19. Jahrhundert als Spielhäuser.

Rechtliche Begriffsabgrenzung

In Deutschland ist eine Spielhalle nach § 33i der Gewerbeordnung (GewO) als ein Unternehmen definiert, das ausschließlich oder überwiegend der Aufstellung von Spielgeräten mit Gewinnmöglichkeit (gemäß § 33c GewO) dient. Spieldauer, Höchsteinsatz und -gewinn dieser Geldspielautomaten sind gesetzlich in der Spielverordnung (SpielV) geregelt. Anforderungen an den Betrieb von Spielhallen sind in der Gewerbeordnung, der Spielverordnung sowie länderspezifischen Spielhallen- und Ausführungsgesetzen zum Glücksspieländerungs-staatsvertrag (GlüÄndStV) geregelt.

Geldspielgeräte darf jedermann gewerblich betreiben, dem die Erlaubnis nach § 33c GewO erteilt wurde. Diese knüpft lediglich gewisse Zuverlässigkeitsvoraussetzungen an die beantragende Person, die Gewerbetätigkeit ist damit grundsätzlich erlaubt (sich ergebend aus der Gewerbe- und Berufsfreiheit, Art. 12 Grundgesetz (GG)). Die Zulässigkeitsvoraussetzungen stellen ein präventives Verbot mit Erlaubnisvorbehalt dar.

Nicht zu verwechseln ist es mit dem Glücksspiel im Sinne von § 284 Strafgesetzbuch (StGB). Erlaubnisse werden nach Landesrecht erteilt. Hier geht der Gesetzgeber in der Systematik davon aus, dass diese Angebote grundsätzlich gesellschaftsschädlich und damit grundsätzlich verboten sein sollen. Erlaubniserteilungen stellen mithin eine Ausnahme dar. Folglich handelt es sich hier um ein repressives Verbot mit Befreiungsvorbehalt.

2016 gab es in Deutschland 9.102 Spielhallenstandorte mit 14.877 konzessionierten Spielhallen und 155.075 Geldspielgeräten, wobei dies gegenüber 2014 einen

Rückgang von ungefähr 2% darstellt. 2018 reduzierte sich das Angebot nochmals, und zwar auf 8.836 Standorte, 13.666 Konzessionen und 143.525 Geldspielgeräte.

Spiele

Manche Spiele werden nur zum Spaß gespielt (Unterhaltungsgerät), während bei anderen ein Geldbetrag zum Gewinn aussteht (Geldspielgerät). Diejenigen Spiele, die lediglich zum Zeitvertreib dienen, sind in der Regel dementsprechend komplexer, spannender, zeitaufwändiger und/oder interessanter als solche, die wegen des Gewinns gespielt werden. Diese reinen Geschicklichkeitsspiele sind zugunsten der Geldspielgeräte stark auf dem Rückzug.

Arcade-Spiele

Bekannte Videospiele haben ihren Ursprung in der Spielhalle, z. B. Night Driver, Space Invaders, Pac-Man, Dig Dug, Frogger, Jungle Hunt, Donkey Kong, Out Run, After Burner, Asteroids. Bekannte Hersteller von Videospielen waren bzw. sind Namco, Sega, Atari, Taito und Nintendo.

Heutige Arcade-Videospiele kommen in der Regel aus den japanischen Spielhallen und erscheinen, wenn überhaupt in Deutschland, nur als Umsetzungen für Spielkonsolen wie Sonys PS2, Microsofts Xbox oder Nintendos GameCube. Vor allem die SEGA Dreamcast war bekannt für ihre vielen

Spielhallen-Umsetzungen, da die identische Hardware auch in den Spielhallen-Automaten verbaut waren.

Mechanische Spiele

Elektro-mechanisches Spiel Championship Fast Draw (1964) Vor den Arcade-Automaten gab es hauptsächlich Flipperautomaten und andere elektromechanische Spielautomaten, die es auch heute noch gibt. Bei vielen Spielen kann der Spieler auch seine Geschicklichkeit und das Reaktionsvermögen mit anderen messen. Beispiele für elektromechanische Spiele sind:

- Whac-A-Mole (Maulwürfe, die aus Löchern kommen mit einem Hammer treffen)
- MotoPolo (Ballspiel mit zwei Motorrädern)
- Spielzeugautomat (sogenannte Greifer)
- mechanische Lightgun-Spiele wie Twin Skeet Shoot
- Münzschieber ein Geldspielautomat bei dem Münzen geschoben werden

Weitere Spiele

Zudem werden häufig auch weitere Spiele angeboten, insbesondere

- Billard
- Air Hockey

- Tischfußball (Kicker)
- elektronisches Darts und
- elektronisches Roulette und Videopoker.
- Spielsucht
- Spielgeräte mit Gewinnmöglichkeit, die in den deutschen Spielhallen das überwiegende Angebot bilden, wurden auf Basis von Feldstudien über pathologisches Spielverhalten wiederholt stark kritisiert.

In der Folge wurden die gesetzlichen Regelungen in Deutschland seit 2013 sowohl auf Länder- als auch auf Bundesebene stark verschärft. Außerdem wurde in den meisten Kommunen die für Spielautomaten erhobene Vergnügungsteuer stark erhöht, und zwar auch mit dem Zweck einer Lenkung, das heißt um eine Beschränkung des Angebots zu erreichen.

Sonstiges

Nach den Berufsgenossenschaftlichen Vorschriften (früher Unfallverhütungsvorschriften, UVV) müssen Spielhallen in Deutschland u. a. mit optischen Raumüberwachungsanlagen („Videoüberwachung"), einer Überfallmeldeanlage und einem Geldwechselautomaten ausgestattet sein. Weitere Vorschriften betreffen die Höchstgrenze für Bargeldbestände und deren Schutz.

Online Casinos

Als Online-Casinos werden virtuelle Casinos bezeichnet, auf die über das Internet zugegriffen werden kann. Online-Casinos ermöglichen das Wetten und Spielen von Casinospielen über an das Internet angeschlossene Endgeräte (PC, Smart-TV, Tablet usw.).

Regulierte Online-Casinos weisen üblicherweise die gleichen Gewinnchancen und Auszahlungsquoten wie stationäre Spielbanken an, wobei manche Betreiber, beispielsweise bei Slot-Machine-Spielen, höhere Rückzahlungsquoten zur Kundenrekrutierung anbieten.

Bei vielen Anbietern finden sich die Rückzahlungsquoten der einzelnen Spiele auf deren Webseite. Kernprinzip einer Software für das Glücksspiel ist ein funktionierender Zufallszahlengenerator. Bei Tischspielen wie Blackjack ist der Hausvorteil durch die Regeln vorgegeben oder einprogrammiert. Casinosoftware kann von Betreiberfirmen auch geleast werden (CryptoLogic, International Game Technology und andere).

Aufgrund von steuerlichen und rechtlichen Vorteilen haben viele Betreiber von Online-Casinos ihren Sitz in Offshore-Finanzplätzen wie Gibraltar oder innereuropäischen Ländern wie Isle of Man, Zypern oder Malta. In der Regel bieten diese Länder staatlich kontrollierte und reglementierte Glücksspiellizenzen an.

Web-basierte Online-Casinos

Web-basierte Casinos können direkt über einen Internet-Browser genutzt werden. Das Herunterladen von Software ist hierbei nicht erforderlich. Lediglich bei einigen komplexeren Spielen konnte in der Vergangenheit die Installation von Zusatzprogrammen wie Java, Flash oder Shockwave notwendig sein, was jedoch seit der Obsoleszenz von Java und Flash immer seltener geworden ist. Mittlerweile programmieren immer mehr Anbieter von Casino-Spielen ihre Entwicklungen ausschließlich im HTML5-Format.

Für die Ausführung dieser Spiele ist eine ausreichende Bandbreite bei der Internetverbindung notwendig, da alle Grafiken, Töne und Animationen über den Browser heruntergeladen werden müssen. Die meisten Online-Casinos verfügen mittlerweile über Spiele die über ein HTML-Interface gesteuert werden können, was insbesondere für mobile Endgeräte wie Tablets und Smartphones sinnvoll ist, die kein Flash unterstützen.

Download-basierte Casinos

Zahlreiche Online-Casinos erforderten in der Vergangenheit den Download spezieller Software. Die Software verbindet sich mit dem Service-Provider des Casinos und verwaltet den Kontakt ohne zwischengeschalteten Web-Browser. Download-basierte Casinos arbeiten üblicherweise schneller, als die Web-basierten Äquivalente, da alle Komponenten auf der lokalen Festplatte abgespeichert sind und nicht erst heruntergeladen werden müssen. Auf der anderen Seite ist die Erstinstallation der Software oft zeitaufwändig und, wie bei jeder Installation von Programmen aus dem Internet, besteht das Risiko der integrierten Malware.

Spielangebot

Das Spielangebot in Online-Casinos lässt sich unterteilen in Spiele, die gegen den Computer getätigt werden – sogenannte virtuelle Casino-Spiele – und Spiele, bei denen ein Casino-Spiel real stattfindet, an dem der Spieler mithilfe von Live-Streaming Technologie in Echtzeit teilnehmen kann.

Virtuelle Casino-Spiele

Bei virtuellen Casinospielen handelt es sich entweder um virtuelle Umsetzungen von Spielautomaten oder um Tischspiele. Der Ausgang eines Spiels ist hier von Daten aus einem Pseudozufallszahlengenerator (englisch: pseudorandom number generator - PRNG) abhängig.

Diese Daten bestimmen beispielsweise die Reihenfolge der Karten in Kartenspielen, oder das Ergebnis eines

Würfelwurfs oder Drehs am Roulette-Kegel. PRNGs basieren auf einer Reihe von mathematischen Regeln (PRNG-Algorithmus), die eine lange Sequenz von Zahlen generieren, die den Anschein von echter Zufälligkeit erwecken. Obwohl diese Methode keinen echten Zufall imitieren kann, da Computer ohne externen Input keinen echten Zufall imitieren können, genügen PRNGs den wichtigsten Kriterien, um die Fairness der Spiele zu gewährleisten.

Die richtige Implementierung des PRNG-Algorithmus (z. B. der Mersenne-Twister) gewährleistet, dass die Spiele sowohl fair als auch unvorhersehbar sind. Allerdings gewähren Online-Casinos keinen Einblick in die Funktionsweise der Software, weshalb die Spieler blind darauf vertrauen müssen, dass kein übermäßiger Hausvorteil implementiert wurde.

Die Funktionsweise und der verwendete Algorithmus wird bei regulierten Online-Casinos von externen Instanzen wie beispielsweise Aufsichtsbehörden überprüft, um zu gewährleisten, dass die Gewinnmargen des Anbieters mit den Chancen der Spiele übereinstimmen.

Eine weitere Methode zur Überprüfung des Fairplay von Online-Casinos besteht in der Seed-key-Generierung durch den Casino-Server vor der Anzeige der Ergebnisse, und die Veröffentlichung der Prüfsumme dieses Werts. Nach dem Ausgang des Spiels, kann der Spieler den Seed key über ein Webinterface überprüfen und damit sicherstellen, dass der Ausgang des Spiels nicht manipuliert wurde. Diese

Methode funktioniert bei Multiplayer-Spielen (wie beispielsweise Poker) allerdings nicht.

Live-Dealer-Spiele

In einem Live-Dealer Casino wird das jeweilige Spiel durch einen menschlichen Croupier moderiert, dessen Spielaktionen und Kommunikation über Livestream übertragen wird. Die Aktionen durch den Spieler erfolgen über eine Konsole auf dem Bildschirm und die Kommunikation mit dem Dealer erfolgt über ein Chatfenster.

Die erforderlichen Spielparameter werden über Optical Character Recognition (OCR - Software, die Bildmaterial erkennt und in Daten umwandelt) zu Daten verarbeitet, die von der Software verwendet werden kann. Die Spieler können mit dem Spiel in derselben Weise interagieren, wie in einem regulären virtuellen Casinospiel, allerdings ist der Ausgang des Spiels nicht von Zufallszahlengeneratoren abhängig, sondern von physischen Interaktionen.

Für die Betreiber solcher Spiele ist der finanzielle Aufwand um einiges größer, als das Angebot einfacher virtueller Casinospiele. Für den Betrieb werden mindestens ein Livestudio mit einem oder mehreren Kameramännern und einigen Croupiers, ein Server- und Softwareraum und ein Analysestudio benötigt. Zusätzlich muss ein Pit-Boss als Schiedsrichter für Meinungsverschiedenheiten und Regelverstößen und ein IT-Manager für die reibungslose Funktion der Casinosoftware engagiert werden.

Der hohe finanzielle Aufwand beim Betrieb solcher Casinos ist der Grund, warum Live-Dealer-Casinos nur die populärsten Spiele, wie Roulette, Blackjack, Sic Bo und Baccarat in diesem Format anbieten. Das Angebot derselben Spiele als virtuelle Version ist für die Betreiber im Verhältnis um einiges günstiger, weshalb es für Betreiber virtueller Casinos nicht unüblich ist, hunderte von verschiedenen Spielen anzubieten.

Das Angebot von Live-Dealer-Casinos existiert in unterschiedlichen Modifikationen. Manche Betreiber übertragen die Dealerinteraktionen beispielsweise auf ihrem eigenen Fernsehsender, während andere die Spiele nur auf ihrer Webseite anbieten. Oftmals kann die Spielerinteraktion auch über Smart-TV und Smartphones abgewickelt werden.

In aller Regel bieten web-basierte Online-Casinos Spiele mit Live-Dealer innerhalb ihres üblichen Spieleportfolios an, sodass eigenständige Live-Dealer-Casinos generell nicht vorkommen, sondern es sich vielmehr um eine Kategorie innerhalb des Spielangebots von Online-Casinos handelt.

Sicherheit

Online-Casinos verwenden Verschlüsselungssysteme, um die Daten zwischen dem Online-Casino und dem Endgerät des Spielers zu verschlüsseln. Um Geldwäsche, Untreue und Betrug auszuschließen, sind die Unternehmen, die die

Casinos betreiben zudem dazu verpflichtet, die Identität der Spieler über das Zusenden von Ausweisdokumenten zu verifizieren. Die staatliche Regulierung stellt in aller Regel eine wiederkehrende Überprüfung der verwendeten Zufallszahlengeneratoren sicher.

Boni

Boni bilden häufig einen Bestandteil der Marketingstrategien von Online-Casinos, die neue Kunden anwerben bzw. Bestandskunden behalten möchten. Dabei vergeben die Betreiber im Wesentlichen Spielkapital und binden dadurch im Gegenzug Spieler an das Online-Casino.

Solche Boni sind an Umsatzregeln geknüpft (als Beispiel: Der Bonusbetrag muss mindestens 20 Mal umgesetzt bzw. gespielt werden, um sich den Gewinn auszahlen zu lassen), um zu verhindern, dass sich der Spieler den erhaltenen Bonus nicht direkt nach dem Erhalt einfach auszahlen lassen kann.

Die Umsatzregeln sind üblicherweise so ausgerichtet, dass mit einem für den Spieler negativen Ausgang gerechnet werden kann, so als hätte er den Bonusbetrag eingezahlt.

Manche Online-Casinos beschränken den Einsatz des Bonusbetrags noch weiter, beispielsweise durch das Verbot des risikoreduzierten Wettens, wie das Setzen auf sowohl Rot als auch Schwarz beim Roulette, oder das Verbot, den Bonus bei Spielen mit geringem Hausvorteil einzusetzen.

Ähnliche Strategien sind auch in echten Spielbanken in Form sogenannter „Comps" anzutreffen. Dabei handelt es sich um unentgeltliche Zusatzleistungen von Seiten der Casinobetreiber, die den Spieler zum Wetten animieren sollen.

Betrug in Online-Casinos

Online-Casinos können in manchen Fällen versuchen, ihre Spieler zu betrügen. Dieses Risiko ergibt sich jedoch vorwiegend in Online-Casinos, die über keine Lizenz verfügen, da Aufsichtsbehörden in der Regel die Integrität des eingesetzten IT-Systems kontrollieren. Zu den am meisten verbreiteten unlauteren oder gar betrügerischen Geschäftspraktiken gehören:

- **Unfaire Spiele:** Die Spiele funktionieren anders, als es im Spielplan festgelegt ist. So kann die Gewinnchance durch Manipulation des Systems deutlich niedriger liegen, als sie ausgewiesen wird. Dies senkt die Rentabilität der Spiele.

- **Blockierung der Auszahlungen:** Online-Casinos können die Gewinnausschüttung an Spieler erschweren. Zwar müssen Transaktionen ohnehin verifiziert werden; jedoch können Casinos durch unnötige und unberechtigte Verzögerungen Auszahlungen zusätzlich verkomplizieren und somit faktisch verhindern.

- **Falsche Werbung:** Online-Casinos bieten für gewöhnlich verschiedene Aktionen an. Eine Benachteiligung des Spielers kann sich jedoch daraus ergeben, dass die realen Konditionen eines Aktionsangebots schlechter ausfallen, als sie in der Werbung ursprünglich dargestellt wurden.

Legalität

Bei der Regulierung von Online-Casinos stehen Gesetzgeber vor der Herausforderung, das Spannungsverhältnis zwischen wirtschaftlichen Interessen der Anbieter und den Belangen der Suchtprävention aufzulösen. Zusätzlich erschweren die Dynamik des Internets und die länderübergreifende Bereitstellung von Angeboten eine effiziente Unterbindung illegaler Online-Casinos.

Im Umgang damit verfolgt die internationale Praxis im Wesentlichen zwei verschiedene Ansätze: eine eng regulierte Legalisierung privater Glücksspielangebote einerseits und andererseits (oft gepaart mit einem staatlichen Monopol) eine Kriminalisierung. Die Strafbarkeit betrifft in den meisten Fällen allerdings nur die Angebotsseite. Nutzer von solchen Angeboten werden in der Regel nicht strafrechtlich verfolgt.

Zudem wählen diverse Staaten einen Mittelweg: Länder wie Belgien, Kanada, Schweden und Finnland unterbinden das private Glücksspiel nur teilweise. Sie verfügen jeweils über staatliche Glücksspielmonopole und vergeben keine Lizenzen an ausländische Spielbankenbetreiber. Als legal anzusehen sind innerhalb ihrer Gesetzgebung hingegen inländische Spielbanken, die lizenziert sind, auf ihrem Staatsgebiet zu agieren.

Österreich

Die Automatenglücksspielverordnung wird einem Begutachtungsverfahren mit offener Teilnehmermöglichkeit unterzogen. Die Begutachtung begann am 20. Februar 2014 und endete am 6. März 2014. Nur noch wenige Online-Casinos akzeptieren Spieler aus Österreich.

Deutschland und Europa

Einige außereuropäische und innereuropäische Länder wie Isle of Man oder Malta bieten staatlich reglementierte und kontrollierte Glücksspiellizenzen an. Aufgrund der europäischen Gesetzgebung wie der Gewerbefreiheit ist es einzelnen europäischen Unternehmen möglich, sich rechtlich über landesspezifische restriktive Gesetze hinwegzusetzen.

Die innerhalb der Europäischen Union von Online-Casinos erzielten Einnahmen beliefen sich 2011 auf ca. 9,3 Mrd. Euro. Die restriktive Haltung Deutschlands wurde seitens der Europäischen Union in der Vergangenheit kritisiert. Die Bundesrepublik Deutschland wurde dazu aufgefordert, nachzuweisen, dass Spiele in Online-Casinos besonders suchtgefährdend seien. Mittlerweile wurde diese Haltung seitens des Europäischen Gerichtshofs jedoch revidiert, da ein generelles Verbot dem Allgemeinwohl diene.

Gemäß dem am 1. Juli 2012 in Kraft getretenen Glücksspieländerungsstaatsvertrag ist das Betreiben eines Online-Casinos für deutsche Unternehmen generell verboten. Ausgenommen davon sind lediglich Online-Sportwetten und zwar nur soweit zumindest unter einem inzwischen gestoppten Konzessionsvergabeverfahren eine Lizenz beantragt wurde.

Lediglich das Bundesland Schleswig-Holstein beschritt kurzzeitig einen Sonderweg und vergab im Jahr 2012 einige Lizenzen für Online-Casinos. Eine Novelle des Glücksspielrechts scheiterte 2017 an der Uneinigkeit unter den Bundesländern darüber, ob im Internet nur Sportwetten legalisiert werden sollen oder auch andere Arten des Glücksspiels.

USA

In den Vereinigten Staaten wurde das Online-Glücksspiel erstmals 1961 durch den Federal Wire Act reguliert, welcher allerdings nur Sportwetten adressierte und andere Formen von Online-Glücksspiel ausdrücklich ausschloss. Der 2006 erlassene Internet Gambling Enforcement Act (UIGEA) schränkt Banken und andere Kreditinstitute in Zahlungsempfängen und -sendungen bei Internet-Casinos ein, welche illegal auf US-amerikanischem Gebiet agieren.

Allerdings wird nicht festgestellt, welche Casinos als legal bzw. illegal anzusehen sind. Damit ist die Regulierung von Online-Glücksspiel bis heute zu großen Teilen den einzelnen Staaten überlassen. Einige davon haben den Prozess der Legalisierung und Regulierung von Online-Casinos allerdings bereits begonnen.

Australien

In Australien gilt seit 2001 der Interactive Gambling Act (IGA), der weltweit jeden Anbieter von Online-Casino-Spielen an Personen in Australien kriminalisiert. Er verbietet allerdings nur die Anbieter, nicht die Nutzung. Dadurch ist es in Australien zwar illegal Online-Casinos anzubieten, die Spieler dürfen diese Leistungen allerdings unbehelligt in Anspruch nehmen.

Kein Anbieter wurde bisher angeklagt gegen den IGA verstoßen zu haben und viele Online-Casinos akzeptieren Spieler aus Australien.

Kanada

Kanada ist eines der wenigen Länder, die nicht nur die Bereitstellung, sondern auch die Nutzung von Online-Casinos kriminalisiert, welche nicht staatlich lizenziert sind. Trotz dieser Regelung hat Kahnawake, ein Indianerreservat in Québec, in Eigeninitiative etwa 350 Glücksspiel-Websites lizenziert, ohne jemals strafrechtlich verfolgt worden zu sein.

Belgien

Die belgische Gesetzgebung erlaubt das Online-Glücksspiel, allerdings nur unter sehr strikten Bedingungen.

Glücksspielstaatsvertrag

Der Staatsvertrag zum Glücksspielwesen in Deutschland (kurz Glücksspielstaatsvertrag oder GlüStV) ist ein Staatsvertrag zwischen allen 16 deutschen Bundesländern, der bundeseinheitliche Rahmenbedingungen für die Veranstaltung von Glücksspielen schuf. Er trat in seiner ursprünglichen Fassung am 1. Januar 2008 in Kraft. Am 31. Dezember 2011 trat er jedoch wieder außer Kraft, da die Ministerpräsidenten der Länder seine Fortgeltung über dieses Datum hinaus nicht beschlossen hatten (§ 28 Abs. 1 Satz 1 GlüStV a. F.).

Gleichwohl galten seine wesentlichen Bestimmungen in den Ländern — mit Ausnahme Schleswig-Holsteins — als landesgesetzliche Bestimmungen bis zum Inkrafttreten eines neuen Staatsvertrages fort. Das beruhte auf Vorschriften in den Ausführungsgesetzen zum Staatsvertrag in den einzelnen Ländern. Zudem trat 2012 der Erste Glücksspieländerungsstaatsvertrag (1. GlüÄndStV) in Kraft.

Ihn sollte 2018 der Zweite Glücksspieländerungsstaatsvertrag (2. GlüÄndStV) ablösen. Sein Inkrafttreten scheiterte jedoch daran, dass ihn nicht alle Bundesländer ratifizierten.

Der ursprüngliche Glücksspielstaatsvertrag

Dass der Glücksspielstaatsvertrag dem Gesundheitsschutz den Vorrang vor der Liberalisierung von Glücksspielangeboten gab, lässt sich bereits anhand seiner Ziele gemäß § 1 ersehen, die darauf lauteten:

- das Entstehen von Glücksspielsucht und Wettsucht zu verhindern und die Voraussetzungen für eine wirksame Suchtbekämpfung zu schaffen,

- das Glücksspielangebot zu begrenzen und den natürlichen Spieltrieb der Bevölkerung in geordnete und überwachte Bahnen zu lenken, insbesondere ein Ausweichen auf nicht erlaubte Glücksspiele zu verhindern,

- den Jugend- und den Spielerschutz zu gewährleisten,

- sicherzustellen, dass Glücksspiele ordnungsgemäß durchgeführt, die Spieler vor betrügerischen Machenschaften geschützt und die mit Glücksspielen verbundene Folge- und Begleitkriminalität abgewehrt werden.

In seiner ursprünglichen Fassung verankerte der GlüStV dementsprechend das uneingeschränkte Glücksspielmonopol des staatlichen Sportwettenanbieters Oddset. Damit folgte er den Vorgaben des Bundesverfassungsgerichts. Nach den Erwägungen des Gerichts sei das staatliche Glücksspielmonopol nur durch eine konsequente und glaubhafte Erfüllung der staatlichen Suchtprävention zu rechtfertigen.

Kritik

Betreiber einiger Spielbanken kritisierten Anfang 2010 eine Wettbewerbsverzerrung durch Ungleichbehandlung zwischen den staatlichen Spielbanken und gewerblichen Spielhallen.

Dies führe dazu, dass das staatlich kontrollierte Glücksspiel beispielsweise in Berliner Spielbanken im Jahr 2010 erstmals in die roten Zahlen rutschte. Ursache sei der Glücksspielstaatsvertrag, der etwa abschreckende Ausweiskontrollen vorschreibt, in Verbindung mit fehlender staatlichen Kontrolle – auch beim Nichtraucherschutz – in den Spielhallen.

Der erste Glücksspieländerungsstaatsvertrag führte Regelungen speziell für Spielhallen mit Geld- oder Warenspielgeräten mit Gewinnmöglichkeit (§§ 24 ff. GlüStV n. F.) ein.

Auch der Deutsche Lottoverband weist immer wieder auf die im GlüStV angelegte Inkohärenz und Widersprüchlichkeit hin. Diese manifestiere sich in einer Überregulierung der Lotterien im Vergleich zu anderen Formen des Glücksspiels.

Entscheidung des EuGH

In seinem Urteil vom 8. September 2010 entschied der Europäische Gerichtshof, dass das staatliche Sportwettenmonopol des ursprünglichen Glücksspielstaatsvertrages gegen europarechtliche Vorgaben verstößt.

Zur Begründung verwies der EuGH u. a. auf intensive Werbekampagnen der staatlichen Glücksspielanbieter, die der Suchtprävention als der notwendigen Grundlage eines Glücksspielmonopols zuwiderliefen.

Erster Glücksspieländerungsstaatsvertrag

Am 15. Dezember 2011 unterzeichneten alle Bundesländer mit Ausnahme von Schleswig-Holstein einen Glücksspieländerungsstaatsvertrag. Er beendet u. a. das Vertriebsverbot für Lotto über das Internet und ermöglicht einen grenzüberschreitenden Lotto-Jackpot sowie Spielbank-Werbung.

Außerdem sieht der Erste GlüÄndStV für Anbieter von Sportwetten eine auf sieben Jahre begrenzte Ausnahme vom staatlichen Monopol (sog. Experimentierphase) vor. Für diesen Zeitraum sollen nach Art. 10a GlüÄndStV maximal 20 Konzessionen für staatliche und private Anbieter von Sportwetten vergeben werden.

In seiner aktuellen Fassung trat der so genannte Erste Glücksspieländerungsstaatsvertrag am 1. Juli 2012 in Kraft.

Für eine siebenjährige Experimentierklausel wurde der Sportwettenmarkt für private Anbieter geöffnet. Das Vergabeverfahren für die 20 entsprechenden Konzessionen wurde am 8. August 2012 eröffnet; federführend war das Land Hessen. Nachdem die Vergabe ursprünglich für das Frühjahr 2013 angekündigt war, verzögerte sie sich zunächst. Alle Entscheidungen im Konzessionsverfahren werden vom Glücksspielkollegium getroffen, das mit Verwaltungsvertretern aller Länder besetzt ist.

In Bezug auf gewerbliche Spielautomaten wurde für neue und bereits bestehende Spielhallen eine zusätzliche Erlaubnispflicht eingeführt. Verbände der Automatenwirtschaft sehen dies als existenzgefährdend an. Im eigentlichen GlüÄndStV nicht mehr enthalten sind hingegen die noch im Entwurf vom April 2011 unter § 9 Abs. 1 S. 3 Nr. 5 normierten Websperren von Online-Casinos.

Zur Umsetzung des Änderungsstaatsvertrages wurden in den Jahren 2011 und 2012 auf Länderebene inhaltlich unterschiedliche Ausführungsgesetze beschlossen. Diese regeln auch den Bereich der Spielhallen. Für diese werden über die Vorgaben der Spielverordnung hinaus zusätzliche Anforderungen gestellt wie zum Beispiel das Verbot der Abgabe von Speisen und Getränken, Sperrstunden, ein Verbot von Außenwerbung und Mindestabstände zu anderen Spielhallen sowie Einrichtungen, die vorwiegend von Kindern und Jugendlichen besucht werden.

Schleswig-Holsteins Sonderweg

Schleswig-Holstein beteiligte sich zunächst als einziges Bundesland nicht am ersten GlüÄndStV. Stattdessen beschloss der Landtag in Kiel bereits am 14. September 2011 ein eigenes, von der Kanzlei Wirtschaftsrat Recht entworfenes „Gesetz zur Neuordnung des Glücksspiels".

Das Gesetz beließ es beim staatlichen Veranstaltungsmonopol für Lotto, hob die Beschränkungen bei Vertrieb und Werbung jedoch weitgehend auf. Zugleich gestattete es privaten Anbietern für Sportwetten und Online-Casinos, vom Bundesland für jeweils fünf Jahre Lizenzen erwerben.

Das Gesetz wurde kontrovers diskutiert: Die CDU-geführte Landesregierung begründete die Neuregelung damit, dass die Lizenzen jährliche Mehreinnahmen in Höhe von 40 bis 60 Millionen Euro generieren würden, neue Arbeitsplätze entstünden und das primär auslandsgestützte Glücksspiel im Internet ohnehin nicht unterbunden werden könnte.

Andere Bundesländer kritisierten die Regelung hingegen. Die Opposition warf der Regierung vor, Vorschlägen der Lobby privater Glücksspielanbieter gefolgt zu sein, ohne die Gefahren der Spielsucht zu beachten.

Infolge der Landtagswahl 2012 verlor in Schleswig-Holstein die bisherige Koalition von CDU und FDP ihre Mehrheit. Stattdessen formierte sich ein Regierungsbündnis aus SPD, Grünen und SSW. Diese neu gewählte Landesregierung vergab zwar zunächst noch einige Lizenzen auf Basis des Landesgesetzes, trat jedoch im Januar 2013 dem Ersten GlüÄndStV bei und beendete damit die landesspezifische Sonderregelung. Der EuGH bestätigte in einer Entscheidung vom 12. Juni 2014 den Sonderweg Schleswig-Holsteins im Nachhinein.

Zweiter Glücksspieländerungsstaatsvertrag

Im Juli 2014 veröffentlichte die EU-Kommission eine Empfehlung mit Grundsätzen für den Schutz von Verbrauchern und Nutzern von Online-Glücksspieldienstleistungen und für den Ausschluss Minderjähriger von Online-Glücksspielen (2014/478/EU). Hierin bestand ein erster, wenn auch noch nicht verbindlicher, Impuls der EU, das Glücksspielrecht wahlweise konsequent zu liberalisieren oder bei seiner Beschränkung ein stringentes Schutzkonzept zu verfolgen.

Die hessische Landesregierung schlug im Oktober 2015 vor, das Glücksspielkollegium durch eine neue Aufsichtsbehörde mit bundesweiter Zuständigkeit zu ersetzen.

Den entscheidenden Anlass für eine Neufassung des GlüÄndStV lieferte indes die Rechtsprechung: Zwar bestätigte noch im Jahr 2015 der Bayerische Verfassungsgerichtshof, dass die Beschränkungen privater

Glücksspielangebote durch den 1. GlüÄndStV mit der Bayerischen Verfassung vereinbar seien. Auf Beschluss des Verwaltungsgerichts Wiesbaden wurde 2015 das Vergabeverfahren der 20 Konzessionen gestoppt. Das Gericht hatte im September 2014 in einem Eilbeschluss das Verfahren zur Vergabe von Sportwetten als intransparent und als Verletzung der EU-Dienstleistungsfreiheit bewertet. In seinem Urteil vom 5. Mai 2015 bestätigte das Verwaltungsgericht den Beschluss.

Das Land Hessen legte zwar gegen den Beschluss Beschwerde beim Hessischen Verwaltungsgerichtshofs ein. Die Beschwerde wurde jedoch zurückgewiesen. Der Verwaltungsgerichtshof rügte ebenfalls das Vergabeverfahren als intransparent und erklärte die Vergabe der Konzessionen durch das Glücksspielkollegium für verfassungswidrig. Zudem entschied der EuGH auf ein Vorabentscheidungsersuchen am 4. Februar 2016, dass der Glücksspieländerungsstaatsvertrag aufgrund seines inkonsistenten Schutzkonzepts im Sportwettenbereich nicht mit dem EU-Recht vereinbar sei. Die so festgestellte Europarechtswidrigkeit des GlüÄndStV verlangt nach einer Anpassung des Regelwerks.

Ratifizierungsphase

Am 16. März 2017 unterzeichneten die Ministerpräsidenten der Länder den Entwurf zum zweiten Glücksspieländerungsstaatsvertrag in Berlin. Eine vorläufige Erlaubnis wurde hierbei den bisherigen 20 Lizenzinhabern sowie 15 weiteren Sportwetten-Anbietern erteilt, die sich um eine Glücksspiellizenz beworben hatten, die Mindestanforderungen erfüllen sowie eine Sicherheitsleistung in Höhe von 2,5 Mio. Euro hinterlegen. Die vorläufige Erlaubnis hat eine Gültigkeit bis zum 1. Januar 2019 und ist rechtlich gleichzusetzen mit einer Konzession.

Die Begrenzung auf 20 bzw. 35 Sportwettlizenzen sollte künftig entfallen, da die EU-Kommission die Limitierung bei ihrer Prüfung des Entwurfs zum 2. GlüÄndStV beanstandet hatte. Die bundesweite Lizenzvergabe sollte künftig das Land Nordrhein-Westfalen übernehmen, während die Einrichtung der Geschäftsstelle für das Glücksspielkollegium in Sachsen-Anhalt vorgesehen war.

Um den zweiten Glücksspieländerungsstaatsvertrag zum 1. Januar 2018 in Kraft zu setzen, mussten schließlich noch die Länderparlamente zustimmen und die Einwände der EU-Kommission ausgeräumt werden. Infolge der Landtagswahl in Schleswig-Holstein im Mai 2017 bildete sich eine CDU-geführte Jamaika-Koalition heraus.

Dabei verständigten sich CDU, Grüne und FDP in ihrem Koalitionsvertrag darauf, auf eine Liberalisierung des Glücksspielrechts zu dringen und die Ratifizierung des 2. GlüÄndStV bis zu einer Neuverhandlung auszusetzen.

Zudem erklärten Stimmen aus der Koalition, man sei notfalls bereit, erneut einen Sonderweg einzuschlagen und Online-Glücksspiel zuzulassen, sollte bundesweit keine

Einigung erzielt werden. Da Art. 2 des 2. GlüÄndStV für dessen Inkrafttreten voraussetzte, dass alle 16 Bundesländer den Staatsvertrag bis Ende 2017 ratifizieren, scheiterte die Novellierung am Widerstand aus Schleswig-Holstein und Nordrhein-Westfalen. Im Februar 2018 hat sich die Ministerpräsidentenkonferenz erneut mit der Neuregelung zu befassen.

Ende Oktober 2017 entschied das BVerwG, dass auch die vom 1. und 2. GlüÄndStV vorgesehene Ungleichbehandlung von Online-Sportwetten und Online-Casinos mit Verfassungs- und Unionsrecht vereinbar ist. Vorbehaltlich einer gegenläufigen Entscheidung des BVerfG oder des EuGH wäre bei einer Neuordnung des Online-Glücksspiels mithin neben einer vollständigen auch eine teilweise Liberalisierung verfassungs- und unionsrechtskonform.

Wahrscheinlichkeit

Die Wahrscheinlichkeit (Probabilität) ist eine Einstufung von Aussagen und Urteilen nach dem Grad der Gewissheit (Sicherheit). Besondere Bedeutung hat dabei die Gewissheit von Vorhersagen. In der Mathematik hat sich mit der Wahrscheinlichkeitstheorie ein eigenes Fachgebiet entwickelt, das Wahrscheinlichkeiten als mathematische Objekte beschreibt, deren formale Eigenschaften im Alltag und der Philosophie auch auf Aussagen und Urteile übertragen werden.

Wahrscheinlichkeitsauffassungen

Man unterscheidet unterschiedliche Auffassungen von Wahrscheinlichkeiten (Wahrscheinlichkeitsbegriffe).

Symmetrieprinzip – klassische, laplacesche Auffassung

Die Wahrscheinlichkeit eines Ereignisses ist das Verhältnis der Zahl der günstigen Ergebnisse zur Gesamtanzahl der Ergebnisse.

So ist zum Beispiel die Wahrscheinlichkeit, mit einem Sechserwürfel eine ungerade Zahl zu werfen, 0,5. Dies entspricht einer relativen Häufigkeit von 50 %, denn es gibt sechs mögliche Ergebnisse, von denen drei die genannte Eigenschaft besitzen.

Dies ist die sogenannte klassische Definition, wie sie von Christiaan Huygens und Jakob I Bernoulli entwickelt und von Laplace formuliert wurde. Sie ist die Grundlage der klassischen Wahrscheinlichkeitstheorie.

Die Elementarereignisse besitzen hierbei gleiche Eintrittswahrscheinlichkeiten. Voraussetzung ist eine endliche Ergebnismenge und die Annahme dieser A-priori-Wahrscheinlichkeiten.

Beispiel: Bei einem „fairen" Würfel (das heißt, kein Ergebnis wird durch unsymmetrische Massenverteilung oder Ähnliches bevorzugt) überlegt man sich, dass jede Zahl die gleiche Chance hat und daher in 1/6 aller Versuche erscheinen wird. Die Wahrscheinlichkeit des Ereignisses „gerade Zahl" berechnet man wie folgt: Es gibt drei günstige Ergebnisse (2, 4, 6), aber sechs mögliche Ergebnisse, daher erhält man 3/6 = 0,5 als Resultat.

Objektivistischer Wahrscheinlichkeitsbegriff

Ein Zufallsexperiment wird so oft wie möglich wiederholt, dann werden die relativen Häufigkeiten der jeweiligen Elementarereignisse berechnet. Die Wahrscheinlichkeit eines Ereignisses ist nun der Grenzwert seiner relativen Häufigkeit bei (theoretisch) unendlich vielen Wiederholungen.

Dies ist die sogenannte „Limes-Definition" nach von Mises. Das Gesetz der großen Zahlen spielt hier eine zentrale

Rolle. Voraussetzung ist die beliebige Wiederholbarkeit des Experiments; die einzelnen Durchgänge müssen voneinander unabhängig sein. Ein anderer Name für dieses Konzept ist Frequentistischer Wahrscheinlichkeitsbegriff.

Dieser Wahrscheinlichkeitsbegriff ist zum Beispiel in der Physik bei der Zerfallswahrscheinlichkeit eines Radionuklids gemeint; die Experimente sind hier die einzelnen, voneinander unabhängigen Zerfälle der Atomkerne.

Beispiel: Man würfelt 1000-mal und erhält folgende Verteilung: Die 1 fällt 100-mal (das entspricht einer relativen Häufigkeit von 10%), die 2 fällt 150-mal (15%), die 3 ebenfalls 150-mal (15%), die 4 in 20%, die 5 in 30% und die 6 in 10% der Fälle. Der Verdacht kommt auf, dass der Würfel nicht fair ist.

Wenn nach 10.000 Durchgängen sich die Zahlen bei den angegebenen Werten stabilisiert haben, dann kann man mit einiger Sicherheit sagen, dass zum Beispiel die Wahrscheinlichkeit, eine 3 zu würfeln, bei 15% liegt.

Propensitätstheorie
Die Propensitätstheorie interpretiert Wahrscheinlichkeit als Maß für die Neigung eines Prozesses zu einem bestimmten Ergebnis.

Subjektivistische Wahrscheinlichkeitsauffassung

Bei einmaligen Zufallsereignissen kann man deren Eintretenswahrscheinlichkeit nur schätzen, nicht berechnen. Zentrale Gesichtspunkte sind hier Expertenwissen, Erfahrung und Intuition. Daher spricht man von einer subjektivistischen Wahrscheinlichkeitsauffassung.

Beispiel: Nachdem jemand verschiedene Autos besessen hat, schätzt er die Wahrscheinlichkeit als hoch ein (zum Beispiel „Ich bin mir zu 80 % sicher"), mit der Marke XY auch beim nächsten Autokauf wieder zufrieden zu sein. Dieser Vorhersagewert kann zum Beispiel durch einen Testbericht nach oben oder unten verändert werden.

Diese intuitive Wahrscheinlichkeitserfassung birgt jedoch eine Vielzahl von "Stolpersteinen", die z. B. in der subjektiven Wahrnehmung (Risiken, wie etwa wegen erhöhter Geschwindigkeit zu verunfallen, werden tendenziell niedriger und Chancen, wie etwa auf einen Lottogewinn, höher als die tatsächliche Wahrscheinlichkeit des Eintritts eingeschätzt) oder der asymmetrischen Informationen liegen (Die subjektive Beurteilung von Unfallgefahren entspricht eher der Erwähnungshäufigkeit in den Medien als der tatsächlichen Unfallstatistik, klassische Beispiele dafür sind zu hoch eingeschätzte Eintrittswahrscheinlichkeiten eines Haiangriffes oder eines Flugunfalls).

Axiomatische Definition der Wahrscheinlichkeit

Die axiomatische Definition der Wahrscheinlichkeit nach Kolmogorow ist die heute für die Mathematik maßgebende Definition, siehe Axiome von Kolmogorow.

Wahrscheinlichkeit beim deutschen Lotto

Stochastik als ein Teilgebiet der Mathematik ist die Lehre der Häufigkeit und Wahrscheinlichkeit. Sie ist ein verhältnismäßig junger Teilbereich der Mathematik, zu dem im weiteren Sinne auch die Kombinatorik, die Wahrscheinlichkeitstheorie und die mathematische Statistik gehören.

Häufig wird der mathematische Begriff von Wahrscheinlichkeit benutzt: Die Wahrscheinlichkeitsrechnung oder Wahrscheinlichkeitstheorie (Teilgebiet der Stochastik) kümmert sich um die mathematische Systematisierung von Wahrscheinlichkeiten.

Hier werden Wahrscheinlichkeitsverteilung, Wahrscheinlichkeitsfunktion, bedingte Wahrscheinlichkeit und viele andere Begriffe unterschieden.

Wahrscheinlichkeiten sind Zahlen zwischen 0 und 1, wobei null und eins zulässige Werte sind. Einem unmöglichen Ereignis wird die Wahrscheinlichkeit 0 zugewiesen, einem sicheren Ereignis die Wahrscheinlichkeit 1. Die Umkehrung davon gilt jedoch nur, wenn die Anzahl aller Ereignisse höchstens abzählbar unendlich ist. In „überabzählbar unendlichen" Wahrscheinlichkeitsräumen kann ein Ereignis mit Wahrscheinlichkeit 0 eintreten, es heißt dann fast unmöglich, ein Ereignis mit Wahrscheinlichkeit 1 muss nicht eintreten, es heißt dann fast sicher.

Psychologie von Wahrscheinlichkeiten

Es wird oft behauptet, der Mensch besitze ein schlechtes Gefühl für die Wahrscheinlichkeit, man spricht in diesem Zusammenhang auch vom „Wahrscheinlichkeitsidioten" Dazu folgende Beispiele:

Das Geburtstagsparadoxon: Auf einem Fußballspielfeld befinden sich 23 Personen (zweimal elf Spieler und ein Schiedsrichter). Die Wahrscheinlichkeit, dass hierunter mindestens zwei Personen am gleichen Tag Geburtstag haben, ist größer als 50%.

Sie haben an einer Vorsorgeuntersuchung teilgenommen und einen positiven Befund erhalten. Sie wissen zusätzlich, dass Sie im Vergleich zur Gesamtbevölkerung keine besonderen Risikofaktoren für die diagnostizierte Krankheit aufweisen: Mit den Rechenmethoden der bedingten Wahrscheinlichkeit kann man das tatsächliche Risiko abschätzen, dass die durch den Test erstellte Diagnose tatsächlich zutrifft. Dabei sind zwei Angaben von besonderer Bedeutung, um das Risiko eines falsch positiven Befundes zu ermitteln: die Zuverlässigkeit (Sensitivität und Spezifität) des Tests und die beobachtete Grundhäufigkeit der betreffenden Krankheit in der Gesamtbevölkerung. Dieses tatsächliche Risiko zu kennen kann dabei helfen, den Sinn weitergehender (unter Umständen folgenreicher) Behandlungen abzuwägen.

In solchen Fällen ergibt die Darstellung der absoluten Häufigkeit am vollständigen Entscheidungsbaum und ein darauf aufbauendes Beratungsgespräch mit dem Arzt einen besser fasslichen Eindruck als die bloße Interpretation von Prozentzahlen aufgrund des isoliert betrachteten Testergebnisses.

Verständnis von Wahrscheinlichkeit

Während über den mathematischen Umgang mit Wahrscheinlichkeiten weitgehend Einigkeit herrscht, besteht Uneinigkeit darüber, worauf die Rechenregeln der mathematischen Theorie angewendet werden dürfen. Dies führt zur Frage nach der Interpretation des Begriffs „Wahrscheinlichkeit".

Häufig wird „Wahrscheinlichkeit" in zwei verschiedenen Zusammenhängen gebraucht:

Aleatorische Wahrscheinlichkeit (auch: ontische/ objektive/ statistische Wahrscheinlichkeit) beschreibt die relative Häufigkeit zukünftiger Ereignisse, die von einem zufälligen physikalischen Prozess bestimmt werden. Genauer unterscheidet man deterministische physikalische Prozesse, die mit ausreichend genauer Information im Prinzip vorhersagbar wären (Würfelwurf, Wettervorhersage), und nichtdeterministische Prozesse, die prinzipiell nicht vorhersagbar sind (radioaktiver Zerfall).

Epistemische Wahrscheinlichkeit (auch: subjektive/ personelle Wahrscheinlichkeit) beschreibt die Unsicherheit über Aussagen, bei denen kausale Zusammenhänge und Hintergründe nur unvollständig bekannt sind. Diese Aussagen können sich auf vergangene oder zukünftige Ereignisse beziehen.

Naturgesetzen werden zum Beispiel gelegentlich epistemische Wahrscheinlichkeiten zugeordnet, ebenso Aussagen in Politik („Die Steuersenkung kommt mit 60 % Wahrscheinlichkeit."), Wirtschaft oder Rechtsprechung.

Aleatorische und epistemische Wahrscheinlichkeit sind lose mit dem frequentistischen und dem bayesschen Wahrscheinlichkeitsbegriff assoziiert.

Es ist eine offene Frage, ob sich aleatorische Wahrscheinlichkeit auf epistemische Wahrscheinlichkeit reduzieren lässt (oder umgekehrt): Erscheint uns die Welt zufällig, weil wir nicht genug über sie wissen, oder gibt es fundamental zufällige Prozesse, wie etwa die objektive Deutung der Quantenmechanik annimmt? Obwohl für beide Standpunkte dieselben mathematischen Regeln zum Umgang mit Wahrscheinlichkeiten gelten, hat die jeweilige Sichtweise wichtige Konsequenzen dafür, welche mathematischen Modelle als gültig angesehen werden.

Jeton

Ein Jeton (auch Spielmarke oder Token), beim Pokern auch Chip genannt, ist eine Plastikmarke, die als Spielgeld in Gesellschafts- und Glücksspielen benutzt wird. In einigen Fällen taucht der Begriff Chip auch in Verwendung für privates Ersatzgeld auf.

Neben den münzenartigen runden Jetons gibt es auch Plaques genannte, rechteckige Ausführungen für höhere Werte. Diese sind eher in Europa verbreitet, während sie in Amerika kaum verwendet werden.

Ausführung

In klassischen Kasinos wird der französische Begriff Jeton verwendet, wie auch die Sprache bei vielen klassischen Kasino-Spielen wie Roulette französisch ist. Bei Spielen, die wie Poker ihren Ursprung im englischsprachigen Raum haben, wird fast nur der englische Begriff Chip verwendet.

In deutschen Spielbanken werden üblicherweise Jetons ab einem Wert von 1 Euro bis 10.000 Euro ausgegeben. Die Gäste sollen ihre Einsätze nur mit den Jetons tätigen, in Ausnahmefällen werden Einsätze mit echtem Geld zugelassen, meist aber nur auf einfachen Chancen.

Ein Jeton eines US-amerikanischen Kasinos wiegt meist zwischen 8,5 und 10 Gramm und maximal 11,5 Gramm.

Material

Qualitativ hochwertigere, somit aber auch preisteurere Chips werden oft aus einer Ton-/Lehmmischung (Clay) oder aus Keramik hergestellt. In der Vergangenheit wurden vereinzelt auch Jetons aus lackiertem Elfenbein benutzt. Die preisgünstigeren Chips sind reine Kunststoffchips mit einem Metallkern, der für das Gewicht des Chips sorgt.

Bei Chips aus Clay ist das Gewicht gleichmäßig über den Chipkörper verteilt im Gegensatz zu Chips mit Kern. Claychips haben einen Anteil zwischen 7 und 15 Prozent an Ton, ein Chip aus reinem Clay wäre sehr spröde.

Im privaten Bereich werden in Pokerkoffern dagegen Chips mit einem Gewicht zwischen 8 und 13,5 Gramm vertrieben, obwohl die Qualität der Chips nicht vom Gewicht abhängig ist. Beim Durchmesser hat sich der Kasinostandard von 39mm fast überall durchgesetzt.

Manchmal sind die Kanten abgeschrägt ('angefast'); dies erleichtert das Hantieren, z. B. das Zusammenschieben von Haufen zu Stapeln. Auch springen geworfene Jetons dadurch nicht übers Tableau.

Im Gegensatz zu Spieljetons im privaten Bereich (wo in der Regel nicht um nennenswerte Geldbeträge gespielt wird) sind die „professionellen" Jetons im Spielkasino ein Zahlungsmittel (juristisch: Ein vom Kasino ausgegebener Schuldschein), mit dem auch Waren und Dienstleistungen wie etwa die Getränke an der Casinobar bezahlt werden können. Auf ihnen ist deshalb neben dem Wert immer auch der Name des Spielkasinos (des Schuldners) vermerkt, schon um Verwechslungen mit Jetons anderer Kasinos zu vermeiden, außerdem vielfach:

- die Währung
- ein Hologramm zum Schutz vor Fälschungen
- eine einmalige Registriernummer, ebenfalls zum Schutz vor Fälschungen und um Verwechslungen zwischen den Einsätzen verschiedener Spieler zu vermeiden, oder alternativ:
- eine Satznummer oder farbige Satzmarkierung, die die Jetons der einzelnen Spieler an einem Tisch voneinander unterscheidet.
- gegenwärtig wird auch die Einführung von RFID-Tags zum Schutz vor Fälschungen erwogen.

Historische deutsche Jetons in Münzform des 18. Jahrhunderts bis etwa 1920 waren aus Messing oder Bronze und ohne Wert- oder Währungsangaben, aber gelegentlich mit dem Wort „Jeton" und nur selten mit einer Jahreszahl versehen.

An fürstlichen Höfen waren sie meist aus Silber im Groschen- oder sogar aus Gold im Dukatengewicht, und nicht selten mit anzüglichen Bildern versehen, wie z. B. kopulierende Hühner. Gern wurden auch historische Persönlichkeiten, Gegenstände des Alltags oder Sprüche bzw. die Göttin Fortuna dargestellt.

Sie dienten als Spieleinsatz in den Privat-Salons der gehobenen Kreise aber auch in den Wirtshäusern der einfachen Bürger bei verschiedenen Kartenspielen.

Werte

Die US-amerikanische New Jersey Casino Kontrollkommission gibt für ihre Casinos per Gesetz folgende Jetonfarben vor:

Wert in $	Farbe
1	Weiß
2,50	Pink
5	Rot
10	Blau
20	Gelb
25	Grün

100	Schwarz
500	Violett
1.000	Orange (übergroß)
5.000	Grau (übergroß)
20.000	„Senf-Gelb" (übergroß)

Zur Vermeidung von Streitigkeiten werden Jetons mit einem größeren Wert, meist ab 50 Euro, durch eine eindeutige identifizierende Nummer gekennzeichnet, die sich der Gast gegebenenfalls merken kann.

Jetons können in der Regel durch den Gast in eigener Verantwortung oder durch einen der Croupiers platziert werden. Beim Roulette ist es – in gut ausgestatteten Casinos – möglich, einem Gast farblich gekennzeichnete Jetons auszugeben, die er jeweils nur am ausgebenden Tisch verwenden kann; so unterscheiden sich die von ihm annoncierten oder selbst getätigten Einsätze zweifelsfrei von denen anderer Spieler, so dass Streitigkeiten der Satzherkunft auf dem Tableau ausgeschlossen sind.

Sonstiges

Die Platzierung von Jetons wird in der Spielersprache auch als Stellung bezeichnet; dementsprechend nennen Kenner den Vorgang des Platzierens von Jetons Stellen.

Die Gesamtheit der gesetzten und nicht auf der Gewinnchance liegenden Jetons wird Masse genannt.

Jetons im Wert von 20 Euro werden oft auch als Louis oder Louis d'or bezeichnet. Dies geht auf die französischen Wurzeln des Roulettespiels zurück, da unter Ludwig XVIII. die französische Goldmünze Louis d'or 20 Franc wert war.

Einige Kasinos verkaufen technisch hochwertige Jetons für Heimroulettespieler, die den eigenen optisch nachempfunden sind.

Unter Croupiers gilt es in Deutschland als unprofessionell, beim Roulette von „Chips" zu sprechen; damit werden vergleichsweise minderwertige Spielzeugchips bezeichnet.

Croupier

Der Croupier ist Mitarbeiter einer Spielbank und verantwortlich für den regelgerechten Ablauf des Spiels am Tisch. Er ist Spielleiter bei Kartenspielen wie Black Jack, Poker und Baccara oder er regelt die spieltechnischen Angelegenheiten am Roulettetisch.

Black Jack

Der Croupier wirkt als Bankhalter gegenüber den Gästen. Er ist verantwortlich für die Ausgabe der Spielkarten an die Gäste, für die Kontrolle der Einsätze und die Auszahlung der Spielgewinne.

Roulette

An einem voll besetzten französischen Roulettetisch, an dem die Spieler sitzen können, wirken vier Croupiers:

- der Wurfcroupier nimmt Einsätze der Gäste entgegen und sorgt für die korrekte Platzierung auf dem Spieltisch. Er ist verantwortlich für den korrekten Abwurf der Kugel und die rechtzeitige Absage an weitere Einsätze („Nichts geht mehr" oder „Rien ne va plus").

- der Saladier sitzt gegenüber dem Wurfcroupier. Er sammelt und sortiert die von der Bank gewonnenen Jetons und legt sie in die dafür vorgesehenen Ablagen zurück. Außerdem wechselt er bei Bedarf Jetons der Casinogäste in größere oder kleinere Einheiten und nimmt ebenfalls Annoncen entgegen.

- der Kopfcroupier nimmt Annoncen entgegen und achtet darauf, dass nach der Absage keine weiteren Einsätze mehr am Tischende platziert werden. Nach dem Coup hilft er beim Einsammeln der verlorenen Jetons, indem er die Einsätze der Dutzende und Kolonnen sowie der unteren Nummern mit den Händen zur Tischmitte schiebt, um sie für den Saladier erreichbar zu machen. Außerdem ist der Kopfcroupier für die Bedienung des zu seiner Rechten befindlichen Tronc zuständig.

- der Tischcroupier sitzt auf einem erhöhten Stuhl über dem Kessel und kontrolliert von dort die Arbeit der Croupiers sowie das korrekte Verhalten der Spieler. Im Idealfall behält er den Überblick über sämtliche Einsätze sowie die Auszahlung an die Gäste, ggf. entscheidet er Streitfälle; er hat auch die Richtigkeit der in modern ausgestatteten Casinos betriebenen elektronischen Mitschrift der Permanenz zu überprüfen, sie ggf. zu korrigieren und die Handwechsel der Drehcroupiers im Permanenzverlauf einzutragen. Tischcroupier ist keine berufliche Stellung im engeren Sinn. Die meisten Tischcroupiers üben diese Funktion als

Primus inter pares aus, d. h. sie besetzen diesen Platz im Turnus der Ablösung mit anderen Kollegen, die über ausreichende Berufserfahrung verfügen.

- der Auswechselcroupier war bei dem früher üblichen Rotationsprinzip der personellen Besetzung an französischen Roulettetischen ein weiterer Spielaufbereiter, der nicht aktiv am Spiel teilnahm, sondern eine der o. a. Funktionen einnahm, wenn die am Tisch tätigen Croupiers das Tableau zwecks Pausierung ihrer Arbeitszeit verließen. Er war gewissermaßen ein „Pausengeber" („Tournant"). Eine solche Verfahrensweise ist in der modernen Personallogistik der meisten bestehenden Spielbanken nicht mehr üblich (eine Ausnahme stellt hier bspw. die „Spielbank Wiesbaden" dar), in denen die Auswechslung der kompletten Tischmannschaft („Auszeit") vollzogen wird.

An mehrarmigen Roulettetischen, bei denen die Spieler auf mehreren Spielflächen (Tableaus) ihre Einsätze auf den Kugelfall in ein und demselben Roulettekessel tätigen können, unterstehen einem Tischcroupier oft zwei Tableaus.

An einem amerikanischen Roulettetisch, an dem die Gäste stehend spielen, wirken grundsätzlich nur zwei Croupiers:

- der Kesselcroupier ist für den korrekten Abwurf der Kugel, für Korrekturen der von Spielern unklar platzierten Einsätze, für die rechtzeitige Absage der Einsätze nach Kugelabwurf und für die Auszahlung der Gewinne an die Gäste verantwortlich.

- der Chefcroupier sorgt dafür, dass nach der Absage keine weiteren Einsätze getätigt werden, kontrolliert die Auszahlungsvorgänge und überwacht die elektronische Permanenzmitschrift.

Bei der amerikanischen Standtischversion des Roulette setzen die Spieler mit Jetons, die durch farbliche Kennzeichnung einem jeweiligen Spieler zugeordnet werden, ihre Einsätze selbst. Die farblichen Jetons der einzelnen Spieler werden in modern ausgestatteten Spielbanken meist maschinell sortiert.

Aus der Jetonkennzeichnung resultiert, dass die Annahme von Einsätzen (Annonce) seitens der Spieler und der Sortiervorgang der Jetons entfällt. Auch Streitfragen, welcher Gewinnsatz welchem Spieler zuzuordnen ist, kommen selten vor. Dementsprechend sind die Anforderungen an die Croupiers an amerikanischen Roulettetischen nicht so umfassend wie bei der französischen Version des Spiels, obwohl der Spielablauf deutlich schneller ist als am französischen Tisch.

Berufsbild

Croupiers stellen mit ihrer Aura die Autorität des Spielanbieters dar, ohne dass sie dabei den notwendigen

Status als Sympathieträger der Gäste verlieren dürfen, wofür ein entsprechendes Feingefühl im Umgang mit Menschen unerlässlich ist.

Grundsätzliche Voraussetzung für einen Croupier ist ein tadelloses äußeres Erscheinungsbild in seiner Gesamtheit, das die Seriosität des Betreibers in der gesellschaftlich jeweils erwünschten Etikette des Umfelds widerspiegelt.

Die Tätigkeit als Croupier verlangt grundsätzlich ein höfliches, gelassenes und sicheres Auftreten, die Kontaktfähigkeit zu Menschen mit einer gewissen Fähigkeit zum spielaufbereitenden Entertainer, die zugleich eine psychologische Feinfühligkeit voraussetzt, auf die Gefühle und eventuelle Gefühlsausbrüche gewinnender und verlierender, insbesondere alkoholisierter, Spieler angemessen reagieren zu können, und die Autorität am Tisch zu wahren; das alles gepaart mit konzentriertem Arbeiten und einer hohen Fingerfertigkeit.

Ein Croupier muss über ein außergewöhnliches Zahlengedächtnis verfügen.

Die genormten Zahlenfolgen der Fächer im gesamten Roulettekessel vorwärts und rückwärts auswendig zu beherrschen, gehört zu den selbstverständlichen Grundkenntnissen, um auf Annoncen der Gäste hin kombinierte Einsätze fehlerfrei und schnell platzieren zu können.

Von einem Croupier wird eine ausgezeichnete Fertigkeit im Kopfrechnen verlangt, um die Gewinnauszahlung ohne größere Verzögerung fehlerfrei abwickeln zu können.

Zudem unterliegt das Kurzzeitgedächtnis eines Croupiers bei der Ausübung seiner Tätigkeit einer hohen Belastung, die schnell wechselnden Annoncen einwandfrei auszuführen und in ihrer Gesamtheit nach Fall der Kugel dem jeweiligen Spieler zuordnen zu können.

Zu den feinmotorischen Eigenschaften eines Croupiers zählt insbesondere Eleganz und Reaktionsschnelligkeit im Umgang mit Spielkarten, das sichere Hantieren mit Jetons bei Auszahlungsvorgängen an die Gewinner und insbesondere bei Einsätzen auf den Tableaus der Roulettetische, wobei die routinierte Handhabung der Rateaus am französischen Roulettetisch die höchste Fertigkeit verlangt.

Mit fortschreitender Modernisierung der Spielbanken werden den Croupiers Kenntnisse in der Handhabung neuer und sich verändernder Technik abverlangt, die der Aufbereitung des Spiels oder dessen Ablauf dienen. Hierzu zählen insbesondere die maschinellen Vorrichtungen für die Sortierung von Jetons im Spielverlauf, die Mischmaschinen für das Kartenspielangebot und die elektronische Spielaufzeichnung, mittels derer die am Spiel Beteiligten über Displays an den Spieltischen über den Spielverlauf informiert und in Datenbanken Abweichungen von der Normalverteilung der Chancen festgehalten werden, um Unregelmäßigkeiten analysieren zu können.

Hinzu kommen heute in fast allen Spielsälen kameratechnisch aufgezeichnete Spielzüge der Spieler an den Tableaus, die dem Personal zur Klärung bei strittigen Einsätzen und zur Aufdeckung von Spielbetrug dienlich sind.

Die zunehmende Automatisierung der Glücksspielbranche verändert auch das Berufsbild des Croupiers, dessen Ausbildung sich heute vielerorts auch auf die Spielerbetreuung an den Spielautomaten der Casinos erweitert. Indem der Ertragsanteil an den Spieltischen („Großes Spiel") im öffentlich angebotenen Glücksspiel sinkt und die Frequentierung im Angebotsbereich der Automaten steigt, werden den Croupiers in vielen Spielbankgesellschaften immer mehr automatenbezogene Kenntnisse abverlangt.

Ausbildung zum Croupier

Die Ausbildung wird von Spielbanken angeboten, aber auch auf renommierten Rouletteschulen in Österreich und in der Schweiz. Die grundlegenden Fähigkeiten sind bei Erfüllung der persönlichen Qualifikationen innerhalb eines Vierteljahrs erlernbar; die Ausbildung dauert in der Regel vier bis acht Monate, je nach Umfang der vermittelten Kenntnisse. Das Mindestalter, um an einem Lehrgang teilnehmen zu können, beträgt 18 Jahre.

Bis in die späten 1960er Jahre galt allgemein das Klischee des Traumberufs Croupier, der als eine von Männern ausgeübte Tätigkeit angesehen war.

In früheren Zeiten war es üblich, dass sich Interessenten für diese Tätigkeit unabhängig von ihrem vorherigen Werdegang in einem der seinerzeit noch wenigen Casinobetriebe hochdienen mussten und erst niedere Arbeiten – meist als Page im Spielsaal, als Türsteher am Casinozugang, als Hilfskraft in der Rezeption oder als Arbeitskraft im administrativen Bereich – durchlaufen mussten, um ihre Teamfähigkeit und ihren guten Umgang mit der Zielgruppe der Gästeschaft unter Beweis zu stellen. Erst dann begann ihre Anlernzeit als Aufbereiter für die Spiele, sofern im jeweiligen Haus Croupierstellen frei wurden.

Heute ist die Tätigkeit des Croupiers kein Traumberuf mehr, da die ehemals mondäne Gästeschaft früherer Grand Casinos dem spielenden Durchschnittsbürger in allerorts installierten Spielbanken gewichen ist, wodurch die Exklusivität des Umfelds gesunken ist und in Folge davon die Verdienstmöglichkeiten für die Croupiers. Im Gegenzug eröffnet die wachsende Konkurrenz staatlicher und privater Glücksspielanbieter in Europa dem angehenden Croupier heute schnellere Aufstiegsmöglichkeiten. Weibliche Croupiers stellen heute einen großen Anteil der Spielbankbelegschaften.

Croupiers werden nach einem eigenen Tarifsystem bezahlt. Sie erhalten die Gehälter aus den Troncgeldern der

Spielbankbesucher gezahlt. Der Tronc besteht ausschließlich aus dem von den Gästen freiwillig gegebenen Anteil ihres Gewinns (vergleichbar mit „Trinkgeld"). Dieser Tronc wird nur zum Teil an die Angestellten der Spielbank als Gehalt ausgezahlt. Da der Tronc täglich wechselt, sind auch die Gehälter der Croupiers monatlich unterschiedlich – jedoch gibt es ein Mindestgehalt, das je nach Spielbank und Position des Croupiers variiert. Hiervon führen sie Steuern und Sozialversicherungsabgaben ab.

Die im Lauf der Jahre verminderte Attraktivität der Ausbildung zum Croupier ist sicherlich darauf zurückzuführen, dass an die Stelle der exklusiven Spielergeneration vergangener Zeiten das Geschäft mit dem „einfachen Mann" gerückt ist, dessen Beteiligung am Großen Spiel nicht mehr so hohe Trinkgelder abwirft.

Nur wenige der Bewerber erfüllen alle notwendigen Qualifikationen. Von den Teilnehmern an Seminaren und Kursen, in denen zum Croupier ausgebildet wird, besteht die Mehrzahl die Abschlussprüfung auf Grund der hohen Anforderungen nicht. Zwei Drittel der Lerncroupiers springen von der Ausbildung ab; von den restlichen schafft nur die Hälfte die Abschlussprüfung. Von den wenigen, die die Ausbildung absolviert haben, verbleibt wiederum nur ein Teil aktiv im Beruf, was auf die hohe Dauerbelastung, die Arbeitszeiten und andere Rahmenbedingungen zurückzuführen ist; deshalb akzeptieren Spielbanken und ausbildende Institutionen im Regelfall nur Berufseinsteiger mit einer abgeschlossenen Berufsausbildung, wobei der meiste Croupiernachwuchs traditionellerweise aus dem Bankfach und aus Service-Berufen kommt.

Da in Spielbanken generell mit viel Geld agiert wird, ist die Eignungsvoraussetzung in jedem Fall ein makelloses Führungszeugnis, die nachzuweisende Schuldenfreiheit des Bewerbers und oft auch ein tadelloser Leumund. Nach bestandener Prüfung werden die Jungcroupiers auf Probe angestellt oder arbeiten als freie Mitarbeiter saisonal oder bei Bedarf. Selbstständige Croupiers sind nicht bekannt.

Von Croupiers wird – wie in kaum einem anderen Beruf – Verschwiegenheit, Abstand zur Gästeschaft außerhalb des Casinobetriebs und Loyalität zu dem Haus, in dem sie arbeiten, verlangt. Croupiers werden am Spieltisch von ihren Kollegen und Vorgesetzten niemals mit Namen angeredet (um die Anonymität zu wahren) und pflegen keinen ausgedehnten Kontakt mit den Gästen (um jeder Form der Begünstigung vorzubeugen) oder mit den in deutschen Spielbanken zur Kontrollfunktion anwesenden Beamten der Steuerbehörden, welche u. a. darauf achten, dass keine unbefugten Jetons in den Tronc wandern oder dass Übervorteilung bei der Gewinnauszahlung an die Gäste die Spielerträge des Casinos erhöhen. Auch intensivere private Verhältnisse der Croupiers untereinander sind in manchen Spielbanken nicht gern gesehen.

Roulette

Roulette (fr.: Rädchen) ist ein weltweit verbreitetes, traditionelles Glücksspiel, das vor allem in Spielbanken angeboten wird. Das Roulette bezeichnet das Spiel, die Roulette bezeichnet die Roulettemaschine.

Beim Roulette setzt man auf Zahlen bzw. bestimmte Eigenschaften von Zahlen, die durch den zufälligen Lauf einer Kugel in einem Kessel bestimmt werden.

Geschichte

Die Erfindung des Roulette wird oft dem französischen Mathematiker Blaise Pascal zugeschrieben – dies beruht aber auf einem Missverständnis: Pascal war zwar einer der Pioniere der Wahrscheinlichkeitsrechnung und verfasste im Jahr 1658 seine Histoire de la roulette und Suite de l'histoire de la roulette, doch handeln diese Schriften nicht vom Roulette-Spiel, sondern von der in Frankreich auch Roulette genannten Zykloide.

Als Ursprungsland wird häufig das Italien des 17. Jahrhunderts genannt, immerhin bezeichnet Meyers Konversationslexikon das Große Roulette mit den 38 Zahlen 00, 0, 1–36 noch um 1900 als Italienisches Roulette – im Gegensatz zum Kleinen oder Deutschen Roulette, das so wie das Boule-Spiel nur 18 Fächer kennt. Die Wurzeln des Roulette sind wohl so wie diejenigen des Glücksrades im mittelalterlichen Rad der Fortuna zu suchen.

Das Roulette kam im Laufe des 18. Jahrhunderts nach Frankreich, wo es Ludwig XV. vergeblich zu verbieten versuchte. Napoleon Bonaparte erlaubte 1806 das Glücksspiel nur mehr in den Spielhäusern des Pariser Palais Royal, wo bis zur Schließung durch Louis-Philippe I. Ende 1837 neben Pharo und Rouge et noir bzw. Trente et quarante auch Roulette gespielt wurde.

Die Zeit nach 1837 war die große Zeit der Spielbanken von Baden-Baden, Bad Homburg und Wiesbaden, wo Fjodor Michailowitsch Dostojewski das Roulette kennenlernte und diesem Spiel verfiel — aus diesem Erlebnis entstand der Roman Der Spieler.

Um das Spiel in Bad Homburg attraktiver zu gestalten und dem Casino einen Wettbewerbsvorteil gegenüber den anderen Spielbanken zu verschaffen, verzichtete François Blanc im Jahre 1841 auf das Double zéro und verringerte damit den Vorteil der Spielbank gegenüber den Pointeuren, worauf sehr bald die anderen Casinobetreiber dem Beispiel Blancs folgten. In den USA ist die Doppel-Null noch heute üblich.

Nach der Reichsgründung mussten mit Jahresende 1872 alle deutschen Spielbanken schließen; sie wurden erst 1933 unter den Nationalsozialisten wiedereröffnet.

Das Glücksspielverbot in Frankreich und Deutschland kam vor allem dem Fürstentum Monaco zugute. François Blanc nutzte diese Gelegenheit und führte die Spielbank von Monte Carlo zu ihrer Blütezeit.

Heute wird Roulette in Spielbanken in aller Welt nach nahezu identischen Regeln gespielt. Unterschiede beziehen sich im Wesentlichen nur darauf, ob mit Double Zéro gespielt wird oder nicht, und auf die Regeln für das Ereignis, wenn die Kugel auf Zéro fällt.

Das französische Roulette

Französisches Roulette wird klassisch an Doppeltischen gespielt: In der Mitte eines langen, mit grünem Tuch (Tapis) bespannten Tisches ist der Roulettekessel (Cylindre) in einer Vertiefung eingelassen, links und rechts davon befinden sich die Einsatzfelder (Tableau).

Jeder Tisch wird von acht Angestellten des Casinos betreut, der Zylinder befindet sich in der Mitte von vier Croupiers, an den beiden Kopfenden sitzt jeweils ein weiterer Croupier und für jede Tischhälfte ist ein eigener Chef de table zuständig.

Heute wird jedoch vorwiegend an Einfachtischen gespielt, die von vier Croupiers betreut werden: Der Roulettekessel befindet sich an einem Tischende und es gibt nur ein Tableau, das sich in der Mitte des Tisches befindet.

Die Roulettemaschine (Kessel) besteht aus einer in eine Schüssel eingelassenen, drehbaren Scheibe mit 36 abwechselnd roten und schwarzen Nummernfächern sowie einem 37., grün gekennzeichneten Fach für die Null (Zéro). Die Roulette-Schüssel oder Cuvette wurde früher aus Ebenholz gefertigt, heute werden jedoch auch vielfach Kunststoffe verwendet.

Mithilfe einer – früher aus Elfenbein gefertigten – Kugel wird die Gewinnzahl ermittelt.

Der Spielablauf

Ziel ist es, in jedem einzelnen Spiel (Coup) zu erraten, auf welche Zahl die Kugel fallen wird.

Mit der Aufforderung „Faites vos jeux!" („Machen Sie Ihre Spiele!", englisch „Make your bets!") bittet der Croupier die Spieler um ihre Einsätze. Diese werden mit Jetons geleistet. Entweder legt der Spieler selbst seine Jetons auf das Tableau oder er bittet den Croupier, dies für ihn zu tun und nennt (annonciert) die Zahl oder Zahlengruppe, auf die er setzen möchte.

Die Einsätze müssen zumindest das an jedem Tisch angegebene Minimum betragen und dürfen das je nach Wettart unterschiedliche Maximum nicht überschreiten.

Sind genug Einsätze getätigt, setzt der Croupier die Roulette-Scheibe in Bewegung und wirft die Kugel gegen die Drehrichtung in den Zylinder. Auch jetzt darf zunächst noch gesetzt werden. Nach der Ansage „Rien ne va plus." („Les jeux sont faits.", „Nichts geht mehr.", englisch „No more bets.") darf nicht mehr gesetzt werden.

Sobald die Kugel in einem Nummernfach liegen bleibt, sagt der Croupier die Gewinnzahl, deren Farbe und die weiteren gewinnenden einfachen Chancen (siehe unten) laut an, und zeigt mit seinem Rechen (Rateau) auf die Gewinnzahl.

Zunächst werden die verlierenden Einsätze — die sogenannte Masse — eingezogen; sodann werden alle Chancen, die mit der Gewinnzahl zusammenhängen, ausbezahlt.

Die Wettmöglichkeiten

Die beliebteste Wettart beim Roulette sind die Wetten auf die einfachen Chancen. Die Nummern 1–36 sind auf drei verschiedene Arten in Zahlengruppen zu je 18 Nummern eingeteilt, diese sind:

- Rouge (Rot, engl. Red) und Noir (Schwarz, engl. Black),
- Impair (Ungerade, engl. Odd) und Pair (Gerade, engl. Even), sowie
- Manque (Niedrig, engl. 1–18) und Passe (Hoch, engl. 19–36).

Im Gewinnfall erhält man einen 1:1-Gewinn.

- Plein, engl. Full number: Man setzt auf eine der 37 Zahlen, die Auszahlungsquote beträgt 35:1.
- Cheval, engl. Split: Man setzt auf zwei auf dem Tableau benachbarte Zahlen, z. B. 0/2 oder 13/14 oder 27/30, die Auszahlungsquote beträgt 17:1.
- Transversale pleine, engl. Street: Man setzt auf die drei Zahlen einer Querreihe des Tableaus, also z. B. 19, 20 und 21, die Auszahlungsquote beträgt 11:1. Tätigt man den Einsatz nicht selbst und bittet den Croupier, die Jetons zu platzieren, so nennt man bei einer Wette auf eine Zahlengruppe immer die niedrigste und die höchste Nummer. In diesem Beispiel also „Transversale 19–21".
- Les trois premiers, engl. First three: Man wettet auf die ersten drei Nummern, d. h. auf 0, 1 und 2; die Auszahlungsquote beträgt wie bei der Transversale pleine 11:1.
- Carré, engl. Corner: Man setzt auf vier auf dem Tableau angrenzende Nummern, z. B. 23/24/26/27. Die entsprechende Annonce lautet „Carré 23–27"; die Auszahlungsquote beträgt 8:1.
- Les quatre premiers, engl. First four: Man setzt auf die ersten vier Zahlen, d. h. auf 0, 1, 2 und 3. Die Auszahlungsquote beträgt wie beim Carré 8:1.
- Transversale simple, engl. Six line: Man setzt auf die sechs Zahlen zweier aufeinanderfolgender Querreihen des Tableaus, z. B. auf die Zahlen 4, 5, 6, 7, 8 und 9. Die entsprechende Annonce lautet „Transversale 4–9", die Auszahlungsquote beträgt 5:1.

- Douzaines, engl. Dozens: Die Zahlen 1–36 sind in drei Dutzende eingeteilt, die Gewinnquote beträgt jeweils 2:1
    - 12P, Premier, engl. First dozen. Erstes Dutzend, die Zahlen 1–12
    - 12M, Milieu, engl. Second dozen. Mittleres Dutzend, die Zahlen 13–24
    - 12D, Dernier, engl. Third dozen: Letztes Dutzend, die Zahlen 25–36
- Colonnes, engl. Columns: Eine andere Einteilung in drei Gruppen von jeweils 12 Zahlen bilden die Kolonnen, die Gewinnquote beträgt so wie bei den Dutzenden jeweils 2:1.
    - Colonne 34: Die erste Kolonne umfasst die Zahlen 1, 4, 7, 10, ..., 34
    - Colonne 35: Die mittlere Kolonne umfasst die Zahlen 2, 5, 8, 11, ..., 35
    - Colonne 36: Die letzte Kolonne umfasst die Zahlen 3, 6, 9, 12, ..., 36.

Anmerkungen:

Gewinnende Einsätze werden rückerstattet, d. h. hat man bspw. 10 € auf ein Carré gesetzt und gewonnen, so erhält man einen 8 : 1-Gewinn, also 80 € und den ursprünglichen Einsatz, insgesamt also 90 €, zurück.

Die Gewinnquoten errechnen sich allgemein wie folgt: Man dividiert die Zahl 36 – bei der Berechnung der Gewinnquoten wird so verfahren, als ob es nur 36 statt 37 Nummern gäbe – durch die Anzahl der besetzten Nummern und zieht davon eins ab: Bei einem Carré sind vier Nummern besetzt, die Gewinnquote beträgt daher 36/4 − 1 = 8.

Die einfachen Chancen, Dutzende und Kolonnen werden als niedrige Chancen bezeichnet, die übrigen Wettarten als hohe Chancen.

Kesselspiele

Bei den Kesselspielen setzt der Spieler auf Nummern, die im Roulette-Zylinder benachbart liegen. Kesselspiele werden gewöhnlich annonciert, man findet aber auch auf vielen Tischen spezielle Einsatzfelder für manche dieser Spielarten.

Spiel mit Nachbarn (Voisins): Ein Spieler kann auf eine Zahl mit bis zu vier Nachbarn zu beiden Seiten setzen, z. B. bedeutet die Ansage „7 mit den zwei Nachbarn" (kurz: "7-2-2"), dass der Spieler auf die Zahlen 18, 29, 7, 28 und 12 wettet und dafür fünf Jetons benötigt. Die fünf Nummern dieses Beispiels liegen im Kessel nebeneinander.

Zéro-Spiel: Beim Zéro-Spiel setzt man mit vier Jetons auf die sieben im Kessel nebeneinander liegenden Nummern 12, 35, 3, 26, 0, 32 und 15, die die Null einschließen. Die Jetons werden dabei wie folgt gesetzt: drei Chevaux 0/3, 12/15 und 32/35, sowie ein Plein auf 26.

Große Serie, Serie 0/2/3: Die große Serie umfasst die siebzehn Zahlen 22, 18, 29, 7, 28, 12, 35, 3, 26, 0, 32, 15, 19, 4, 21, 2 und 25, die mit neun Jetons wie folgt besetzt werden: jeweils zwei Stücke auf die drei Nummern 0/2/3 und das Carré 25/29 und je ein Stück auf die Chevaux 4/7, 12/15, 18/21, 19/22 und 32/35.

Kleine Serie, Serie 5/8: Die kleine Serie umfasst zwölf im Kessel nebeneinander liegende Zahlen, nämlich 27, 13, 36, 11, 30, 8, 23, 10, 5, 24, 16 und 33, die mit sechs Jetons à cheval pointiert werden, und zwar je ein Stück auf 5/8, 10/11, 13/16, 23/24, 27/30 und 33/36.

Les orphelins (dt. die Waisenkinder): Die Orphelins umfassen diejenigen acht Nummern, die zu keiner der beiden Serien zählen, das sind 1, 20, 14, 31, 9, 17, 34 und 6. Diese Nummern werden entweder mit acht Jetons voll (Orphelins en plein) oder mit nur fünf Jetons besetzt, im letzteren Fall wird ein Stück en plein auf die 1 und je eines à cheval auf 6/9, 14/17, 17/20 und 31/34 (die 17 ist in zwei Cheval-Sätzen enthalten) gesetzt.

Finalen

Abgesehen von diesen Kesselspielen werden auch gerne die Finalen gesetzt, das sind Folgen von Nummern mit gleicher Endziffer: Für die Finale 3 benötigt man vier Jetons und setzt damit auf die Zahlen 3, 13, 23 und 33.

Man kann auch Chevaux-Finalen spielen, für die Finale 2/5 etwa benötigt man vier Jetons, die auf 2/5, 12/15, 22/25 und 32/35 gesetzt werden usf.

Das Zéro

Fällt die Kugel auf Zéro, d. h. auf die Null, so gewinnen die Einsätze auf die Null bzw. diejenigen, welche die Null in einer Kombination enthalten, d. h. 0/1, 0/2, 0/3, 0/1/2, 0/2/3 und 0/1/2/3, alle anderen mehrfachen Chancen, also Transversalen, Dutzende und Kolonnen verlieren, und die Einsätze auf die einfachen Chancen werden gesperrt, man sagt, sie gehen en Prison (Gefängnis).

Beispiel: Ein Spieler setzt auf Impair, die Kugel fällt auf die Null, der Einsatz wird nun gesperrt. Fällt die Kugel im nächsten Coup auf Impair, so wird der Einsatz wieder frei, der Spieler gewinnt allerdings nichts. Fällt die Kugel dagegen auf Pair, so ist der Einsatz verloren.

Landet die Kugel in der nächsten Runde erneut auf der Null, so wird er – entsprechend den klassischen Regeln, die François Blanc eingeführt hat – für die zwei Folgerunden gesperrt (Double Prison), für den Fall, dass dreimal hintereinander die Null kommt, ist der Einsatz aber in jedem Fall verloren.

Ein Spieler kann, wenn er den Einsatz nicht sperren lassen möchte, mit den Worten „Partagez la masse, s'il vous plaît" die Hälfte seines Einsatzes zurückfordern, die andere Hälfte wird dann von der Spielbank eingezogen. Diese Möglichkeit besteht allerdings nur dann, wenn der Einsatz ein geradzahliges Vielfaches des Minimums beträgt, d. h. wenn er sich exakt halbieren lässt. Eine entsprechende Möglichkeit besteht auch beim Double Prison, wobei der Spieler ein Viertel seines Einsatzes zurückfordern kann. Eine weitere, wenn auch weniger bekannte Option für den Spieler besteht darin, einen gesperrten Einsatz auf eine andere einfache Chance verschieben zu lassen (z. B. von Impair auf Pair), wobei natürlich der Einsatz auf der gewählten Chance dann ebenfalls gesperrt ist.

Einige Casinos haben die Prison-Regel gestrichen. Fällt die Kugel dort auf Zéro, sind alle Einsätze auf einfache Chancen unmittelbar verloren.

Bankvorteil beim französischen Roulette

Durch das Zéro sichert sich das Casino seinen Bankvorteil.

Da die Gewinnquoten für die Wetten auf die mehrfachen Chancen so berechnet sind, als ob das Zéro nicht vorhanden wäre, d. h. als ob es nur 36 statt 37 Zahlen gäbe, beträgt der Bankvorteil bei den mehrfachen Chancen $\frac{1}{37}$ = 2,70%. Die Ausschüttungsquote beträgt somit 97,30%.

Für die einfachen Chancen gilt Folgendes: Beim klassischen französischen Roulette mit Prison-Regel beträgt der Bankvorteil $\frac{1}{37} \cdot \frac{1}{2}$ = 1,35%; die Ausschüttungsquote beträgt daher 98,65%. Ohne Prison-Regel ist der

Bankvorteil doppelt so hoch und beträgt dann 2,70%, so wie auch auf allen mehrfachen Chancen.

Gewinnt ein Spieler mit einem Einsatz auf eine volle Nummer, ist es üblich, dass er mit den Worten „Pour les employés" ein Stück dem Tronc (fr. Opferstock) zukommen lässt. Somit verringert sich die Gewinnquote für Einsätze auf Plein von 35:1 auf 34:1 und der mittlere Verlust des Spielers verdoppelt sich bei dieser Wettart auf $\frac{2}{37}$ = 5,40%.

Das Maximum

Das Maximum legt fest, dass die Spielbank für jeden einzelnen Gewinn nie mehr als einen vorher festgelegten Höchstbetrag auszahlen muss. Diese Regel dient dem Zweck, dass die Spielbank nicht infolge eines einzelnen sehr hohen Gewinns eines Spielers Insolvenz anmelden müsste.

Der Höchsteinsatz für einfache Chancen beträgt im Allgemeinen das 1200-Fache des Minimums; die Höchsteinsätze für die mehrfachen Chancen sind so gestaffelt, dass die Spielbank im Gewinnfall nie mehr als das Maximum auszahlen muss.

Amerikanisches Roulette

Im Vergleich zum französischen Tableau ist das Feld für die Null zweigeteilt (links 0, rechts 00). Weitere Beschriftungen in Englisch: "1st, 2nd, 3rd Dozen", "even", "odd", "1 to 18", "19 to 36" an der Seite und jeweils "1 to 2" unter den drei Kolonnen. In der Mitte wie beim französischen Tableau die Zahlen von 1 bis 36.

Die Abwicklung des Spieles vollzieht sich beim American Roulette in rascherem Tempo. Die Tische sind daher etwas kleiner, sodass jeder Spieler selbst setzen kann und keine Annoncen nötig sind. Die Ansagen der Croupiers erfolgen üblicherweise in englischer statt französischer Sprache, die Bezeichnungen am Tableau (hier: Lay out) sind englisch, auch ist die Anordnung der Einsatzfelder eine andere. Der Croupier zeigt die Gewinnzahl nicht mit dem Rateau an, sondern markiert sie mit einer kleinen Figur namens Dolly.

Beim American Roulette, so wie es in den europäischen Spielbanken angeboten wird, gilt für die einfachen Chancen folgende Zéro-Regel: Fällt die Kugel auf die Null, so wird die Hälfte der Einsätze eingezogen.

Eine Besonderheit des American Roulette ist die Möglichkeit, mit persönlichen Chips zu spielen. Diese Spielmarken besitzen keine Wertangabe und werden nur am Tisch in verschiedenen Farben ausgegeben. Jeder Spieler bestimmt beim Kauf den Wert, der für jeden sichtbar angezeigt wird. Diese Chips können nur an dem betreffenden Tisch gespielt werden und müssen bei

Beendigung des Spiels an diesem Tisch zurückgewechselt werden.

Das Spiel in den USA

American Roulette, so wie es in den europäischen Casinos gespielt wird, unterscheidet sich vom Spiel in den USA vor allem dadurch, dass in Europa der französische Roulettekessel mit den 37 Zahlen 0, 1–36 verwendet wird. Die Zahlen im amerikanischen Kessel sind nicht nur anders angeordnet, der in den USA gebräuchliche Zylinder enthält zusätzlich als 38. Zahl die Doppel-Null (Double zero).

Fällt die Kugel auf Zero, d. h. auf die Null, so gewinnen die Einsätze auf die Null bzw. diejenigen, welche die Null in einer Kombination enthalten, d. h. 0/00, 0/1, 0/2, 0/1/2, 0/00/2 und 0/00/1/2/3; alle anderen mehrfachen Chancen, also Transversalen, Dutzende und Kolonnen verlieren, und ebenso auch alle Einsätze auf einfache Chancen.

Fällt die Kugel auf Double Zero, d. h. auf die Doppel-Null, so gewinnen die Einsätze auf die Doppel-Null bzw. diejenigen, welche die Doppel-Null in einer Kombination enthalten, d. h. 0/00, 00/2, 00/3, 0/00/2, 00/2/3 und 0/00/1/2/3; alle anderen mehrfachen Chancen, also Transversalen, Dutzende und Kolonnen verlieren, und ebenso auch alle Einsätze auf einfache Chancen.

Bankvorteil beim Spiel in den USA

Aufgrund des Doppelzéros ist der Bankvorteil in den USA mit 2/38 = 5,26 % wesentlich größer als beim Roulette in Europa. Die Regel, dass die Sätze auf den einfachen Chancen bei einer Null nur zur Hälfte verlieren, gilt nicht: In den USA werden die Einsätze zur Gänze eingezogen.

Beim amerikanischen Roulette mit Zéro und Doppelzéro gibt es allerdings keinen Tronc – dadurch entspricht der erwartete Verlust des Spielers bei den Sätzen auf eine volle Nummer annähernd den Verhältnissen beim klassischen Roulette (5,26% im Vergleich zu 5,40% beim klassischen Roulette), bei allen anderen Wettmöglichkeiten ist natürlich die europäische Spielweise für den Spieler wesentlich vorteilhafter.

Die Wette auf die fünf Nummern 0/00/1/2/3 (First Five) wird im Verhältnis 6:1 ausbezahlt; der Bankvorteil beträgt hierbei 7,89%; dies ist die schlechteste Wette überhaupt.

Spielsysteme

Noch älter als das Roulette ist die Suche nach einem unfehlbaren Gewinnsystem bei Glücksspielen. Die beiden ältesten Spielsysteme, nämlich das Martingale- und das Parolispiel wurden bereits beim Pharo erprobt – mit demselben Misserfolg wie beim Roulette.

Mathematische Systeme

Die klassischen oder mathematischen Systeme lassen sich in folgende Gruppen einteilen

- Systeme, die stets mit Einsätzen in gleichbleibender Höhe, sogenannter Masse égale, operieren: Diese Systeme schreiben jeweils eine Marche vor, die angibt, welche Chance gespielt werden soll. Betrachtet man unendliche Folgen von Münzwürfen, Folgen von Rouge-Noir bzw. die Folge der getroffenen Nummern beim Roulette (die sogenannten Permanenzen), so findet man darin gewisse Gesetzmäßigkeiten (vgl. Roulette-Gesetze, Gesetz der kleinen Zahlen). Diese lassen sich aber nicht für Gewinnstrategien nutzen, da die einzelnen Coups voneinander unabhängig sind, und so sind all diese Systeme wertlos.

- Systeme, die mit variablen Einsätzen operieren, sogenannte Progressionen:
  - Bei den Martingalespielen wird der Einsatz im Verlustfall erhöht, die wichtigsten Beispiele – weil einerseits historisch interessant und andererseits weit verbreitet – sind
    - die Martingale classique,
    - die Montante Américaine,
    - die Montante Hollandaise,
    - die Progression d'Alembert,
    - das Fitzroy-System und

- ■ das System Montant et démontant
  - ○ Beim Parolispiel wird der Einsatz nach einem Gewinn erhöht.

Darüber hinaus wurden im Laufe der Jahrhunderte viele weitere – allesamt unbrauchbare – Spielsysteme entwickelt. Wie man allgemein mit Hilfe der Martingale-Theorie beweisen kann, ist es unmöglich eine Spielstrategie anzugeben, die für den Spieler einen positiven Erwartungswert liefert. Damit sind auch alle Progressions-Systeme wertlos.

Vergleich der Spielsysteme

In Bezug auf den Erwartungswert, d. h. den mittleren Gewinn der Spielbank pro riskiertem Euro, unterscheiden sich die Systeme nur insofern, als bei Systemen für die einfachen Chancen der Erwartungswert für die Spielbank 1,35% beträgt und bei Systemen für mehrfachen Chancen für die Spielbank 2,7% aufgrund der unterschiedlichen Behandlung einfacher und mehrfacher Chancen beim Auftreten des Zéro.

Vergleicht man die Systeme, die die Einsätze im Verlustfall erhöhen (also die verschiedenen Martingalen) mit dem Masse égale-Spiel, so erhöht zwar der Spieler die Wahrscheinlichkeit, eine gewisse vorgegebene Spielstrecke (z. B. 1000 Coups) mit einem positiven Saldo abzuschließen, gleichzeitig steigt aber auch das Risiko eines Totalverlustes des zur Verfügung stehenden Spielkapitals.

Bei den verschiedenen Formen des Parolispiels ist es hingegen umgekehrt. Insofern unterscheiden sich die verschiedenen Systeme sehr wohl, auf lange Sicht ist jedoch nur der Erwartungswert von Bedeutung, und der ist – abgesehen von den obigen Besonderheiten – bei allen Systemen gleich.

Der Erwartungswert, d. h. der Vorteil der Bank macht sich mit zunehmender Spieldauer immer deutlicher bemerkbar. Die beste Strategie, sein Spielkapital beim Roulette zu verdoppeln, ist daher die Bold strategy, das kühne Spiel: dabei setzt man das gesamte Kapital, das man zu riskieren beabsichtigt, auf einmal auf eine der einfachen Chancen.

Physikalische Systeme

Während die klassischen Systeme die Natur des Zufallsmechanismus außer Acht lassen – die Systeme für die einfachen Chancen lassen sich ja ebenso gut beim Trente et quarante spielen – so versuchen die folgenden Spielweisen die physikalischen Unvollkommenheiten des Zufallsmechanismus gewinnbringend auszunutzen.

Kesselfehler und Favoritensuche

Kein realer Roulette-Kessel hat eine perfekte Form. Durch kleine Imperfektionen im Herstellungsprozess und abnutzungsbedingte Unregelmäßigkeiten sind die 37 Nummern nicht genau gleich wahrscheinlich – einige Zahlen werden mit höherer Wahrscheinlichkeit getroffen als andere. Es gilt nun, diese Favoriten zu erkennen und dann auf diese zu setzen. Allerdings übertreffen die rein zufallsbedingten Abweichungen, die auch beim Spiel mit einem idealen Kessel auftreten würden, die möglichen technisch bedingten Abweichungen bei Weitem, sodass die Nummern mit höherer technischer Wahrscheinlichkeit auch längerfristig keineswegs häufiger getroffen zu werden brauchen. Viele Spielkasinos vertauschen auch täglich die Roulettezylinder zwischen den Tischen, um die Suche nach Kesselfehlern zu erschweren.

Für die Spieler wären solche Kesselfehler ohnehin erst dann langfristig gewinnbringend, wenn eine bestimmte, dem Spieler bekannte Zahl mit einer größeren Wahrscheinlichkeit als $\frac{1}{36}$ anstelle der korrekten Wahrscheinlichkeit $\frac{1}{37}$ auftritt, oder allgemein wenn bestimmte Sektoren des Kessels mit einer so viel höheren Wahrscheinlichkeit getroffen werden, dass der systematische Nachteil des Spielers von 2,7% überkompensiert werden kann. Dermaßen grobe Fabrikationsfehler können aber ausgeschlossen werden, zumal die Kessel vor ihrem Einsatz genau geprüft werden. Außerdem überwachen auch die Spielbanken die Permanenzen aller Kessel, um Abnutzungen oder Manipulationen entdecken zu können. Sollte ein Kessel Auffälligkeiten entwickeln, wird das Kasino dies feststellen, bevor sie von den Spielern ausgenutzt werden könnten.

Kesselgucken

Aus den exakten Geschwindigkeiten der Kugel und des Drehkreuzes, sowie den exakten Anfangspositionen derselben lässt sich theoretisch genau berechnen, in welches Fach die Kugel fallen wird, bzw. der Sektor des Roulettezylinders erraten, in den die Kugel wahrscheinlich fallen wird. So wie kein Fußball- oder Tennis-Spieler die Bahn des Balles tatsächlich im mathematischen Sinne berechnet, aber ein sehr gutes Gefühl für den Weg des Balles entwickelt, so gibt es auch Roulette-Spieler, die ähnliche Fähigkeiten entwickeln und nutzen wollen. Je später ein Spieler setzt, desto eher kann er den Sektor erraten und dann rasch vor dem Rien ne va plus auf diese Zahlen setzen.

Das Erraten des Kesselsektors wird freilich dadurch erschwert, dass die Kugel, sobald sie sich der Mitte nähert, durch rautenförmige Hindernisse (Obstacles) in ihrem Lauf gestört wird. Darüber hinaus steht der Spielbank eine sehr simple Gegenmaßnahme zur Verfügung: Scheint sich ein Spieler auf diese Weise einen Vorteil zu verschaffen, so werden künftige Coups entsprechend früh abgesagt, d. h. das Rien ne va plus folgt unmittelbar nach dem Werfen der Kugel, und spätere Einsätze werden nicht akzeptiert.

Wurfweitenspiel

Der Wurfweitenspieler unterstellt, dass jeder Croupier seine individuelle und gleichförmige Wurftechnik besitzt, sodass — abhängig von der Dreh- bzw. Wurfrichtung — zwischen dem Abwurfort der Kugel relativ zum Drehkreuz und dem Fach, in dem die Kugel zu liegen kommt, stets ungefähr dieselbe Anzahl von Feldern liegt. Der Spieler setzt daher nach dem Wurf der Kugel rasch auf die derart bestimmte Zahl und deren Nachbarn.

Im Unterschied zu den mathematischen Systemen lässt sich selbstverständlich für die physikalischen Systeme kein Beweis für deren Untauglichkeit erbringen, das bedeutet allerdings nicht, dass mithilfe dieser Systeme tatsächlich langfristig Gewinne erzielt werden können (vgl. etwa die Ausführungen zum Thema Kesselfehler und Favoritensuche).

Black Jack

Black Jack (auch Blackjack) ist das am meisten gespielte Karten-Glücksspiel, das in Spielbanken angeboten wird. Black Jack ist ein Abkömmling des französischen Vingt (et) un dt. Einundzwanzig bzw. Siebzehn und Vier.

Das Spiel

Die Regeln von Black Jack sind international nahezu einheitlich, die nachstehende Beschreibung folgt dem Reglement, das für den Spieler am günstigsten ist. Dieses Reglement gilt in den meisten deutschen Casinos sowie in der Spielbank von Monte Carlo und den Spielbanken der Casinos Austria.

Die Regeln

Black Jack wird an einem annähernd halbkreisförmigen Tisch gespielt. An der geraden Seite des Tisches sitzt der Croupier (Dealer, Bankhalter, Kartengeber). Ihm gegenüber befinden sich die Plätze für bis zu sieben Spieler (Pointeure).

Es wird mit sechs Paketen französischer Spielkarten zu 52 Blatt, also 312 Karten gespielt – die Black-Jack-Karte hat Bridge-Format und trägt extra große Indexzeichen (large index) mit den englischen Bezeichnungen K, Q und J für die Bilder.

Ziel des Spiels ist es, mit zwei oder mehr Karten näher an 21 Punkte heranzukommen als der Croupier, ohne dabei den Wert von 21 Punkten zu überschreiten.

Die Werte der einzelnen Karten

Asse zählen nach Belieben ein oder elf Punkte. (Der Wert des Asses wird erst dann festgelegt, wenn der Spieler keine weitere Karte mehr kauft – dann zählt der Croupier das Ass so, wie es für den Spieler am günstigsten ist.) Zweier bis Zehner zählen entsprechend ihren Augen. Bildkarten (Buben, Damen, Könige) zählen zehn Punkte.

Spielablauf

Vor Beginn eines Spiels platzieren die Spieler ihre Einsätze auf den bezeichneten Feldern (boxes) entsprechend den vom Casino festgesetzten Einsatzlimits.

In einer Box dürfen neben dem Boxeninhaber auch andere Spieler mitsetzen; mitsetzende Spieler haben aber kein Mitspracherecht und müssen die Entscheidungen des Boxeninhabers akzeptieren. Der Einsatz der mitsetzenden Spieler darf nur so hoch sein, dass das vom Casino festgelegte Limit pro Box nicht überschritten wird. Hat der

Boxinhaber bereits den maximal möglichen Einsatz getätigt, darf somit kein Mitspieler mehr auf diese Box mitsetzen.

Sind die Einsätze getätigt, beginnt der Croupier die Karten auszuteilen. Jeder Spieler und der Croupier erhalten zuerst eine offene Karte, danach erhält jeder Spieler – nicht aber der Croupier – eine zweite offene Karte.

Beginnend mit dem Spieler zur Linken des Croupiers kann nun jeder Teilnehmer solange weitere Karten verlangen („hit", „Karte" oder „carte"), bis er glaubt, nahe genug an 21 Punkte herangekommen zu sein und keine weitere Karte mehr will („stand", „steht" oder „reste"). Wer jedoch mit seinen Karten den Wert 21 überschreitet (bust), hat sich überkauft und verliert sofort; die Karten und der Einsatz werden vom Croupier eingezogen.

Sind alle Spieler bedient, zieht der Croupier seine zweite Karte. Hat er 17 oder mehr Punkte, muss er stehen bleiben, hat er 16 oder weniger Punkte, muss er eine weitere Karte ziehen ("Dealer must stand on 17 and must draw to 16").

Dabei gilt folgende Regel: Der Croupier muss ein Ass stets mit elf Punkten zählen, es sei denn, er würde auf diese Weise den Wert 21 überschreiten; nur dann zählt er das Ass mit einem Punkt. Hat der Croupier z. B. ein Ass und eine Sechs, muss er das Ass mit elf und die Hand mit siebzehn Punkten bewerten und darf keine weitere Karte ziehen ("Dealer stands on soft 17").

Wenn der Croupier 21 Punkte überschreitet, haben alle noch im Spiel verbleibenden Teilnehmer automatisch gewonnen. Sonst gewinnen nur jene Spieler, deren Kartenwert näher an 21 Punkte heranreicht als der des Croupiers.

Hat ein Spieler gleich viele Punkte wie der Croupier, so ist das Spiel unentschieden (stand off, push, tie, égalité, en cartes), der Spieler verliert nichts, er gewinnt aber auch nichts.

Gewinnt ein Spieler, erhält er einen Gewinn in der Höhe seines Einsatzes (1:1, even money); in den beiden folgenden Fällen werden jedoch erhöhte Gewinne ausgeschüttet.

Triple Seven

Hat ein Spieler 21 Punkte bestehend aus drei Siebenern (Siebener-Drilling), gewinnt er sofort im Verhältnis 3:2, unabhängig von der Karte des Croupiers. Das Spiel ist für die betreffende Box nach der Gewinnauszahlung beendet. (Diese Regel ist außerhalb Österreichs unüblich; allerdings hat es sich auch in Deutschland und der Schweiz etabliert, dass der Gast in irgendeiner Form einen Bonus erhält.)

Black Jack

Nach dem Siebener-Drilling ist Black Jack, eine Kombination von 21 Punkten, bestehend aus den ersten beiden Karten – also Ass und Zehn, bzw. Ass und Bild –, das beste Resultat.

Hat ein Spieler einen Black Jack, nicht aber der Croupier, so erhält der Spieler einen 3:2-Gewinn ausbezahlt („Black Jack pays 3 to 2"). Hat der Croupier jedoch auch einen Black Jack, ist das Spiel unentschieden.

Hat der Croupier einen Black Jack, verlieren alle noch im Spiel befindlichen Teilnehmer, ausgenommen diejenigen, welche ebenfalls einen Black Jack besitzen; insbesondere verlieren auch diejenigen Spieler, welche 21 Punkte in der Hand halten. (Hat ein Spieler einen Siebener-Drilling, hat er seinen Gewinn schon erhalten und ist bereits aus dem Spiel.)

Insurance (Versicherung gegen Black Jack)

Hat der Croupier als erste Karte ein Ass, so können sich die Spieler gegen einen Black Jack des Croupiers versichern, indem sie einen entsprechenden Einsatz auf die Insurance line setzen. Zieht der Croupier als zweite Karte eine Zehn oder eine Bildkarte, hat er einen Black Jack und die Versicherung wird im Verhältnis 2:1 ausbezahlt („Insurance pays 2 to 1"). Hat der Croupier jedoch keinen Black Jack, wird die Versicherungsprämie eingezogen.

Hat ein Spieler einen Black Jack und der Croupier als erste Karte ein Ass, so kann sich der Spieler einen 1:1-Gewinn auszahlen lassen und das Spiel beenden. Das entspricht gerade dem Abschluss einer Versicherung, wobei der Spieler die Hälfte seines ursprünglichen Einsatzes auf die Insurance line platziert.

Die Versicherung gegen einen Black Jack des Croupiers ist im Grunde eine Nebenwette, der Bankvorteil beträgt bei der Insurance ca. 1/13 = 7,692%.

Split (Teilen)

Ein Spieler kann seine Hand teilen (split), wenn die ersten beiden Karten gleichwertig sind (z. B. zwei Sechser oder Bube und Dame); er spielt dann mit „geteilter Hand" mit zwei getrennten Einsätzen weiter, wobei mehrfaches Teilen (resplit) möglich ist (in deutschen Spielbanken ist das mehrfache Teilen i. d. R. nicht zulässig). Für jede geteilte Hand ist ein weiterer Einsatz in der Höhe des ursprünglichen Einsatzes zu leisten. Der Spieler erhält nun in jeder geteilten Hand beliebig viele Karten.

Ausnahme: Teilt ein Spieler zwei Asse, so erhält er auf jedes Ass nur mehr eine weitere Karte. Ist diese ein weiteres Ass, ist ein nochmaliges Teilen aber weiterhin möglich.

In einer geteilten Hand gilt die Kombination Ass und Bild bzw. Ass und Zehn jedoch nicht als Black Jack, sondern als

21 Punkte, da die Kartenkombination nicht mit den ersten beiden Karten erzielt wurde.

Double Down (Verdoppeln)

Ein Spieler kann, nachdem er seine ersten beiden Karten erhalten hat, seinen Einsatz verdoppeln (double). Der Wert der beiden Karten ist dabei unerheblich (Double down on any two). Verdoppelt ein Spieler, wird ihm danach noch genau eine Karte zugeteilt.

Ein Verdoppeln nach dem Teilen ist möglich (Double down on split pairs) (vgl. Regel-Varianten).

Ein mitsetzender Spieler in einer Box kann nur dann verdoppeln, wenn auch der Boxinhaber seinen Einsatz verdoppelt.

Bust

In vielen Spielbanken kann ein Spieler vor Beginn der Kartenausgabe darauf wetten, dass sich der Dealer in dieser Runde überkauft (Dealer busts oder kurz Bust).

Sollte der Dealer 22 oder mehr Augen erhalten und sich somit überkaufen, was mit einer Wahrscheinlichkeit von 28,16% geschieht – also im Mittel in etwas weniger als zwei von sieben Fällen –, wird diese Nebenwette im Verhältnis

5:2 ausbezahlt, andernfalls wird der Einsatz auf diese Wette eingezogen. Der Bankvorteil bei dieser Wettart beträgt 1,44%.

Regel-Varianten

Viele Casinos schränken die Wahlmöglichkeiten der Spieler ein. Die am häufigsten anzutreffenden Abweichungen von den obigen Regeln sind:

- **Verdoppeln:** Das Verdoppeln ist nur dann gestattet, wenn die ersten beiden Karten den Wert 9, 10 oder 11 aufweisen.
- **Teilen:** Mehrfaches Teilen ist möglich, in einer geteilten Hand darf aber nicht verdoppelt werden.

Die Art der Kartenausgabe ist vielfach unterschiedlich, in den USA erhält der Croupier in der Regel seine zweite Karte unmittelbar nachdem alle Spieler ihre ersten beiden Karten erhalten haben – also nicht erst, nachdem alle Spieler sich erklärt haben und bedient sind. In diesem Fall wird die zweite Karte des Croupiers allerdings verdeckt gegeben und erst dann umgedreht, wenn der letzte Spieler bedient ist. Zeigt die erste Karte des Croupiers ein Ass oder eine Karte mit dem Wert zehn, prüft dieser, ob er einen Black Jack hat – dieses Verfahren hat für den Spieler den Vorteil, dass er bei einem Black Jack des Dealers in jedem Fall nur den einfachen Einsatz verliert und nicht den durch Teilen oder Verdoppeln erhöhten Einsatz. Dieser Unterschied ist jedoch praktisch völlig unerheblich, da man als Spieler ohnedies nur in wenigen Ausnahmefällen verdoppeln bzw. teilen sollte, falls der Dealer als erste Karte ein Ass oder eine Karte vom Wert zehn besitzt.

Weiter gilt in einigen – vor allem amerikanischen – Casinos, die Regel, dass der Dealer mit einer „soft 17" kauft; diese Regel ist für den Spieler weniger günstig als die verbreitetere Regel „Dealer stands on soft 17".

Analyse

Betrachtet man die Regeln des Black Jack, so fällt auf den ersten Blick eine Reihe von Asymmetrien auf, die den Spieler bevorzugen.

Die Vorteile des Spielers

Gewinnt ein Spieler mit Black Jack, so gewinnt er im Verhältnis 3:2; gewinnt jedoch der Croupier mit Black Jack, gewinnt er nur im Verhältnis 1 : 1.

Der Spieler ist frei in den Entscheidungen, ob er eine Karte verlangen soll oder nicht, bzw. wie er ein Ass bewerten soll – er kann diese Entscheidungen abhängig vom Wert der ersten Karte des Croupiers treffen. Der Croupier aber ist in seiner Spielweise an eine starre Regel gebunden.

Der Spieler kann mit einem aussichtsreichen Blatt den Einsatz vor einem Kauf verdoppeln und damit den Croupier zwingen, das Spiel zum doppelten Betrag fortzusetzen.

Der Spieler kann zwei gleichwertige Karten teilen und so möglicherweise mit zwei Händen gegen den Croupier gewinnen.

Der Vorteil der Spielbank

Diesen Vorteilen steht ein – versteckter – Vorteil der Spielbank gegenüber. Wenn ein Spieler 21 Punkte überschreitet, verliert er seinen Einsatz sofort. Wenn nun in demselben Spiel der Croupier ebenfalls die 21 Punkte überschreitet, bleibt das Spiel für den Spieler verloren und gilt nicht als unentschieden, er erhält seinen Einsatz nicht mehr zurück.

Aus dieser Ungleichheit resultiert der Bankvorteil, der mathematisch dem Erwartungswert für die Einnahme der Spielbank pro gesetztem Betrag entspricht. Beim Black Jack hängt dieser Wert von der gewählten Spielstrategie ab.

Mathematische Analyse

Die erste mathematische Analyse des Black Jack wurde 1956 veröffentlicht. Dabei wurde eine optimale Strategie für den Spieler unter der Annahme berechnet, dass mit unendlich vielen Paketen gespielt wird, d. h. dass etwa die Wahrscheinlichkeit, als nächste Karte z. B. ein Ass zu ziehen, stets 1/13 beträgt – unabhängig davon, wie viele Asse und wie viele Karten bereits aus dem Schlitten gezogen worden sind. Die so erzielten Ergebnisse stellen eine gute Näherung dar für das reale Spiel mit 312 Karten.

Wenn ein Spieler eine Runde mit einem Einsatz von 100€ beginnt und er sich in jeder Situation im Sinne der Wahrscheinlichkeitsrechnung optimal entscheidet, so steigert er – infolge der Möglichkeiten zu teilen bzw. zu verdoppeln – seinen Einsatz im Mittel auf 111,67€ und verliert im Mittel 0,53€ je Spiel. Der Bankvorteil beträgt dann gerade 0,475%, was verglichen mit anderen Spielen, die in Spielbanken zu finden sind, sehr niedrig ist.

Zum Vergleich: Der Bankvorteil bei den einfachen Chancen des Roulette beträgt 1,35%, bei den mehrfachen Chancen 2,70%.

Strategie

Hält sich der Spieler an die folgenden – als Basic strategy bekannten – Regeln, so minimiert er den Bankvorteil.

Die hier angegebene Strategie ist optimal bezüglich des obigen Reglements. Regel-Abweichungen bedingen auch Änderungen der optimalen Strategie.

Hard Hands

Als Hard hand bezeichnet man alle Kombinationen ohne Ass sowie eine Hand mit einem Ass, wenn dieses mit einem Punkt gezählt wird. So ist z. B. die Kombination A-5-7 eine Hard 13.

Hält der Dealer ein Ass, 10, 9, 8 oder 7, soll man bei einer Hard 16 kaufen und bei einer Hard 17 stehenbleiben.

Hält der Dealer eine 6, 5 oder 4, soll man bei einer Hard 11 kaufen, aber bei einer Hard 12 oder höher stehen bleiben.

Hält der Dealer eine 3 oder 2, soll man bei einer Hard 12 kaufen, aber bei einer Hard 13 oder höher stehen bleiben.

Soft hands

Eine Soft hand ist eine Hand mit einem Ass, das mit elf Punkten bewertet wird. So kann z. B. eine Hand aus Ass und Sechs als 17 Punkte gezählt werden.

Bei einer Soft hand mit 19 oder mehr Punkten soll man niemals kaufen.

Mit einer Soft 18 bestehend aus drei oder mehr Karten soll man nur dann kaufen, wenn der Dealer eine 9, 10 oder Ass hält.

Mit einer Soft 17 oder weniger bestehend aus drei oder mehr Karten soll man immer kaufen.

Anmerkung: Wird eine Soft hand aus nur zwei Karten gebildet, ist möglicherweise auch eine Verdopplung sinnvoll. Die entsprechenden Regeln finden sich im folgenden Abschnitt (Soft hand doubles).

Soft hand doubles

Eine Hand von A-2 (soft 13) soll nur gegen eine 6 verdoppelt werden, in allen anderen Fällen soll der Spieler kaufen.

Eine Hand von A-3 (soft 14) oder A-4 (soft 15) soll gegen eine 6 oder 5 verdoppelt werden, in allen anderen Fällen soll der Spieler kaufen.

Eine Hand von A-5 (soft 16) soll gegen eine 6, 5 oder 4 verdoppelt werden, in allen anderen Fällen soll der Spieler kaufen.

Eine Hand von A-6 (soft 17) soll gegen eine 6, 5, 4 oder 3 verdoppelt werden, in allen anderen Fällen soll der Spieler kaufen.

Eine Hand von A-7 (soft 18) soll gegen eine 6, 5, 4 oder 3 verdoppelt werden; der Spieler soll gegen eine 2, 7 oder 8 stehenbleiben und gegen eine 9, 10 oder Ass kaufen.

Mit einer Hand von A-8, A-9 oder A-10 (Black Jack) soll man niemals verdoppeln, sondern stets stehen bleiben (siehe oben).

Für eine Hand mit zwei Assen (soft 12) siehe Splits.

Hard hand doubles

Eine Hard hand von 8 oder weniger Punkten soll man niemals verdoppeln.

Eine Hand von 9 Punkten (ohne Ass) bestehend aus zwei Karten soll man nur dann verdoppeln, wenn der Dealer eine 6, 5, 4 oder 3 hält.

Eine Hand von 10 oder 11 Punkten (ohne Ass) bestehend aus zwei Karten soll man stets verdoppeln, ausgenommen der Dealer hält 10 oder A.

Eine Hard hand mit 12 oder mehr Punkten soll man niemals verdoppeln.

Splits

Zwei Asse soll man immer teilen, ausgenommen der Dealer hat ein Ass – in diesem Fall wertet man die Hand als soft 12 und verlangt eine weitere Karte.

Zweier, Dreier und Siebener soll man nur dann teilen, wenn der Dealer eine 2, 3, 4, 5, 6 oder 7 hält.

Zwei Vierer soll man nur dann teilen, wenn der Dealer eine 5 oder 6 hält.

Fünfer und Zehner soll man niemals teilen.

Zwei Sechser soll man nur dann teilen, wenn der Dealer eine 2, 3, 4, 5 oder 6 hält.

Zwei Achter soll man immer teilen, ausgenommen der Dealer hat 10 oder Ass.

Zwei Neuner soll man immer teilen, ausgenommen der Dealer hat eine 7, 10 oder Ass.

Insurance (Versicherung)

Es ist nicht sinnvoll, sich gegen einen Black Jack des Croupiers zu versichern bzw., falls der Croupier als erste Karte ein Ass hält, sich einen Black Jack zum Verhältnis 1 : 1 auszahlen zu lassen.

Bust

Die Nebenwette Bust, dass der Croupier sich überkauft, ist bei weitem nachteiliger als das eigentliche Spiel; es ist daher nicht sinnvoll, diese Wette abzuschließen.

Kartenzählen

Früher war es üblich, dass die in einem Spiel benutzten Karten beiseitegelegt wurden und im nächsten Spiel die Karten vom Reststapel aus dem Kartenschlitten gezogen wurden. War der Stapel zu ungefähr drei Viertel abgespielt, wurden die abgelegten Karten mit dem restlichen Talon neu gemischt, und eine neue Taille begann.

Auf diese Weise war die Zusammensetzung des Kartenstapels in den einzelnen Spielen sehr unterschiedlich. Kamen z. B. im ersten Coup nach dem Mischen nur wenige hohe Karten, so wurde die Wahrscheinlichkeit für das Fallen hoher Karten im nächsten Coup natürlich größer.

Der US-amerikanische Mathematiker Edward O. Thorp entwickelte 1961 ein Spielsystem, mit dessen Hilfe man als Spieler einen Vorteil gegenüber der Spielbank erlangte. 1962 veröffentlichte Thorp eine ausführlichere Version als Buch Beat the Dealer. Als Spieler konnte man durch Mitzählen der hohen Karten (Card counting) vorteilhafte Zusammensetzungen des Kartenstapels erkennen und in diesen Fällen einen höheren Einsatz riskieren.

Die Spielbanken setzten daraufhin Gegenmaßnahmen ein:

Die Anzahl der verwendeten Kartenpakete wurde erhöht; ursprünglich wurde mit nur einem Paket gespielt, später mit vier und heute zumeist mit sechs Paketen. Dies reduziert die Aussagekraft der bereits ausgespielten Karten – wenn vier Asse ausgespielt sind, ist bei nur einem Paket die Wahrscheinlichkeit für ein weiteres Ass null, bei sechs Paketen sind immer noch 20 Asse im Stapel.

Der Kartenstapel wird nicht mehr bis zum Ende gespielt, sondern es wird ein Viertel bis ein Drittel des Stoßes „abgeschnitten".

Die Wahlmöglichkeiten des Spielers wurden zum Teil eingeschränkt.

Trotz dieser Gegenmaßnahmen bot das Kartenzählen dem Spieler weiterhin die Möglichkeit, seine Chancen zu verbessern.

Viele europäische Casinos verwenden nunmehr so genannte Shuffle stars, spezielle Kartenschlitten mit eingebauter Kartenmischmaschine. Die in einem einzelnen Spiel benutzten Karten werden nach dem Coup gleich in den Schlitten zurückgelegt und dort sofort wieder mit den übrigen Karten vermischt – auf diese Weise sind die einzelnen Coups beim Black Jack voneinander unabhängig, so wie die einzelnen Coups beim Roulette. Dadurch ist das Kartenzählen grundsätzlich obsolet.

Entgegen einer gelegentlich kolportierten Behauptung ist Kartenzählen in Casinos nach deutschem Recht (ebenso in den USA) nicht strafbar und auch nicht ordnungswidrig; das schließt aber nicht zwangsläufig aus, dass Casinos gegen identifizierte Kartenzähler ein Hausverbot verhängen.

Third base

Ein sehr weit verbreiteter Irrglaube beim Black Jack ist die Meinung, dass der Spieler, der unmittelbar zur Rechten des Croupiers sitzt – diese Position am Spieltisch wird Third base genannt – mit seiner Spielweise das Resultat des Croupiers beeinflussen kann, schließlich würde ja eine von ihm verlangte Karte andernfalls der Croupier erhalten bzw. erhält der Croupier die eine Karte, die er nicht mehr kauft.

Da aber die nächste Karte nicht bekannt ist, lässt sich für den Spieler aus dieser Position am Spieltisch kein Vorteil ziehen.

Als Spieler wird man an diesem Platz aber häufig von den übrigen Teilnehmern bezüglich der Spielweise kritisiert, weshalb dieser Platz eher gemieden werden soll.

Fünfkartentrick

Der sogenannte Fünfkartentrick (Five Card Trick oder Five Card Charlie) wurde schon früher gestrichen: Ein Spieler, der fünf Karten auf der Hand hielt und dabei die 21 Punkte nicht überschritten hatte, gewann sofort im Verhältnis 1:1, es sei denn, der Croupier hatte einen Black Jack. In diesem Fall gewann die Bank – allerdings gab es hier auch abweichende Regeln. Mit dieser zusätzlichen Gewinnmöglichkeit lässt sich sogar eine Gewinnstrategie finden, die ohne Kartenzählen auskommt.

Der Fünfkartentrick ist heute nur noch selten vorzufinden, und wenn, dann gelten stets andere Einschränkungen der Wahlmöglichkeiten des Spielers, so dass insgesamt eine für den Spieler weniger aussichtsreiche Variante entsteht.

Baccara

Baccara, auch Baccarat oder Bakkarat, ist ein Karten-Glücksspiel. Die französische Schreibweise Baccara ist im deutschen Sprachraum heute am weitesten verbreitet, die Schreibung Bakkarat ist praktisch verschwunden; im englischen Sprachraum findet man neben Baccara auch Baccarat mit einem stummen „t" am Ende.

Das Spiel soll häufigen Behauptungen zufolge in Neapel im 16. Jahrhundert erfunden worden sein und der Name seinen Ursprung in einem neapolitanischen Dialekt haben, in dem Baccara Null bedeutet. Möglicherweise leitet sich der Name des Spiels auch von der nahe Lunéville gelegenen Stadt Baccarat ab.

Trotz dieser Aussagen bezüglich des hohen Alters, wie man sie auch oft in Spielbeschreibungen von Kasinos liest, ist Baccara – entsprechend den Forschungen von David Parlett – wahrscheinlich wesentlich jünger und erst zu Beginn des 19. Jahrhunderts entstanden.

Baccara wurde früher in zwei Hauptvarianten in den Spielbanken angeboten: Baccara chemin de fer und Baccara banque. Von diesen beiden Spielweisen existieren noch weitere Variationen, heute ist fast ausschließlich die Variante Punto Banco anzutreffen.

Die Bezeichnung Chemin de fer (franz. „Eisenbahn") wird vielfach dadurch erklärt, dass der Kartenschlitten bei dieser Spielart gleich einer kleinen Eisenbahn seine Runden zieht. Chemin de fer ist James Bonds Lieblingsspiel und war auch ein beliebter Zeitvertreib des englischen Königs Eduard VII., der als Prince of Wales im Zuge des Tranby Croft oder Royal Baccarat Scandal sogar als Zeuge vor Gericht aussagen musste. Im angelsächsischen Sprachraum wird Chemin de fer auch Chemmy genannt.

Ein dem Baccara ähnliches Spiel und möglicherweise ein Vorläufer ist Macao.

Palette und Karten

Baccara wird im Allgemeinen mit sechs Paketen französischer Spielkarten à 52 Blatt, also 312 Blatt, gespielt (Ausnahmen siehe unten). Echte Baccara-Karten tragen keine Index-Zeichen und besitzen gleichmäßig einfarbige Rückseiten ohne Muster. In Spielbanken werden in der Regel drei Pakete mit hellrosa und drei Pakete mit hellblauen Rücken verwendet.

Ziel des Spiels ist es, mit zwei oder drei Karten neun Punkte zu erzielen, oder zumindest näher an neun Punkte heranzukommen als der Gegner. Die Zählwerte der Karten sind: Ass ein Punkt, Zweier bis Neuner zählen zwei bis neun Punkte, Zehner und Bilder jedoch null Punkte. Ergeben die Karten in Summe zehn oder mehr Punkte, so zählt nur die Einerstelle; hat ein Spieler z. B. eine Sieben und eine Fünf, so zählt dies (7 + 5 = 12) zwei Punkte; hat er hingegen eine Sechs und eine Vier, so zählt dies (6 + 4 = 10) null Punkte oder eben „Baccara".

Der leitende Croupier wird beim Baccara Chef de partie oder Tailleur genannt; ihm steht der Changeur, der Jetons wechselt, zur Seite.

Baccara chemin de fer

Zu Beginn einer Partie werden die Karten vom Croupier gemischt und von einem Spieler coupiert (abgehoben), dabei ist folgendes Zeremoniell üblich: Der Croupier legt die Karten offen auf den Tisch und verrührt diese mit beiden Händen, nach einiger Zeit wendet er die Karten, setzt das Rühren mit den nun verdeckten Karten fort und schichtet sie zu einem Stapel (die sogenannte Taille).

Zum Coupieren (Schneiden, Abheben) steckt der Spieler, der zur Linken des Croupiers sitzt, eine neutrale beidseitig rote Karte (Carte de coupe) an der Stelle in den Stapel, wo er abgehoben haben möchte. Das Abheben selbst führt wiederum der Croupier durch. Dieser steckt nun eine weitere neutrale Karte (Carte d' arrêt) vor die siebtletzte Karte und legt den Stapel in den Kartenschlitten (frz. Sabot, „Pantine" oder „Holzschuh"; engl: shoe).

Wenn später die neutrale Karte erscheint, wird der eben begonnene Coup (d. h. das eben begonnene einzelne

Spiel) zu Ende gespielt, und danach werden die Karten neu gemischt.

Ablauf eines Spieles

Der Spieler, der zur Rechten des Croupiers sitzt, wird Banquier (Bankhalter, Bankier) im ersten Spiel und übergibt dem Croupier seinen Einsatz, den er als Banksumme (Banco) riskieren möchte. Die übrigen Spieler, die Pointeure, setzen nun gegen die Bank.

Übersteigt die Summe der Einsätze der Gegenspieler die Banksumme, so zählen die Einsätze vom Nachbarn zur Rechten des Bankiers beginnend bis die Banksumme erreicht ist. Einsätze, die nicht gehalten sind, werden zurückgewiesen, es sei denn, der Bankhalter erhöht das Banco. Setzen die Gegenspieler insgesamt weniger als die aktuelle Banksumme, so wird der überschüssige Betrag entnommen und dem Bankhalter zurückgegeben; um diesen Betrag wird nicht gespielt, er geht „au garage" oder „au chocolat", die so reduzierte Summe ist das neue Banco.

Sind die Einsätze getätigt, so teilt der Bankhalter die Karten wie folgt verdeckt aus: die erste erhält derjenige Gegenspieler, der den höchsten Einsatz getätigt hat, d. h. der Ponte, die zweite erhält der Bankhalter, die dritte Karte der Ponte, die vierte wieder der Bankhalter. Den Riten des Spiels entsprechend legt der Bankhalter die Karten für den Ponte auf eine Palette, mit der der Croupier die Karten dem Ponte reicht.

Nun sieht der Ponte seine Karten an und zählt die Augen. Hat der Ponte mit seinen ersten beiden Karten

- 0 bis 4 Punkte, so legt er seine beiden Karten verdeckt nebeneinander auf den Tisch und bittet mit den Worten „Carte, s'il vous plaît." (dt. „Karte bitte") um eine weitere Karte.
- 5 Punkte, so hat er freie Wahl, eine Karte zu ziehen oder stehen zu bleiben.
- 6 oder 7 Punkte, so legt er seine beiden Karten verdeckt übereinander auf den Tisch, sagt „Non, Monsieur" („Nein, mein Herr") oder „Reste" („Passe") und zeigt damit an, dass er keine weitere Karte ziehen möchte.
- 8 oder 9 Punkte, so deckt er seine Karten auf – man nennt dies ein Naturel bzw. einen Schlag – und sagt „Huit" („Acht") oder „Neuf" („Neun") bzw. „La petite" („Kleiner Schlag") oder „La grande" („Großer Schlag"); der Bankhalter deckt dann auch auf, in diesem Fall werden keine Drittkarten gezogen.

Hat der Ponte sich erklärt, so deckt der Bankhalter seine Karten auf (er hat sie zuvor noch nicht angesehen). Hat der Bankhalter 8 oder 9 Punkte, so wird eine vonseiten der Ponte gewünschte dritte Karte nicht mehr ausgegeben und gleich abgerechnet; hat der Bankhalter jedoch 7 oder weniger Punkte, so gibt er die eventuell vom Ponte gewünschte Karte offen. Nun erklärt der Bankhalter, ob er ziehen will, oder nicht. Er spielt nach dem Schlitten, wenn er sich an die folgenden Ziehungsregeln (Tableau de tirage) hält:

Hat der Bankhalter

- 7 Punkte, so zieht er niemals eine dritte Karte.
- 6 Punkte, so zieht er nur dann eine dritte Karte, wenn er dem Ponte eine 6 oder eine 7 gibt.
- 5 Punkte, so zieht er eine dritte Karte, wenn er dem Ponte eine 5, 6 oder 7 gibt, oder wenn der Ponte passt; er hat freie Wahl bei Ausgabe einer 4 und passt bei Ausgabe einer 1, 2, 3, 8, 9, 10 oder einer Bildkarte.
- 4 Punkte, so zieht er keine Karte, wenn er dem Ponte eine 1, 8, 9, 10 oder eine Bildkarte gibt, in allen anderen Fällen kauft der Bankhalter.
- 3 Punkte, so zieht er keine dritte Karte, wenn er dem Ponte eine 8 gibt, er hat freie Wahl bei Ausgabe einer 9; in allen anderen Fällen kauft der Bankhalter.
- 0 bis 2 Punkte, so zieht er stets eine dritte Karte.

Sind beide Parteien bedient, wird abgerechnet; die Partei mit der höheren Punktezahl gewinnt; bei Gleichstand („en cartes") ist der Coup ungültig.

Gewinnt der Bankhalter, so muss er von seinem Gewinn eine Taxe in Höhe von 5 % an die Spielbank zahlen (d. h., er gewinnt im Verhältnis 0,95 zu 1). Der Bankhalter darf in diesem Fall die Bank weiter behalten. Er darf aber kein Kapital entnehmen; die bisherige Banksumme vermehrt um den Gewinn bildet nun das neue Banco. Wenn aber die Einsätze der Pointeure im nächsten Spiel die so vergrößerte Banksumme nicht zur Gänze erreichen, so darf der Bankhalter den Überschuss entnehmen (vgl. oben).

Gewinnen die Pointeure, so erhalten sie einen Gewinn in Höhe des Einsatzes; d. h., sie gewinnen im Verhältnis 1 zu 1, eine Taxe wird hierbei nicht fällig. Der Bankhalter muss nun die Bank abgeben und den Schlitten an seinen Nachbarn zur Rechten weiterschieben. In diesem Fall gilt wieder das sogenannte Minimumbanco (siehe unten).

Banco

Will ein Spieler allein einen Betrag in Höhe der Banksumme (dem Banco) setzen, so sagt er „Banco" oder „Banco solo"; die Einsätze der anderen Gegenspieler werden zurückgewiesen und der Coup nur zwischen dem Bankier und diesem einen Spieler gespielt. Es können auch zwei Spieler gemeinsam Banco spielen und „Banco à deux" ansagen.

Will ein Spieler den halben Bankbetrag setzen, so sagt er „Banco avec la table" oder kurz „Banco avec"; die übrigen Spieler können dann nur noch bis zur Hälfte der en banque befindlichen Summe mitsetzen. Will der Banco-Spieler auch einen nach den Einsätzen der übrigen Pointeure noch verbleibenden Differenzbetrag auf die volle Banksumme spielen, so sagt er „Banco et la table marche".

Die Ansage Banco solo hat Vorrang vor Banco à deux; Banco à deux hat Vorrang vor Banco avec.

Suivi

Hat ein Spieler Banco gespielt und verloren und möchte er erneut Banco spielen, so sagt er „Suivi"; er hat dann das Vorrecht vor jedem anderen Spieler, der auch Banco spielen möchte.

Suite

Hat der Bankhalter gewonnen und wünscht die Bank nicht mehr weiter zu halten, so kann er diese abgeben und sein Kapital einschließlich der Gewinne entnehmen, er sagt dann „Il y a une suite." oder „La main passe." Die Bank wird dann reihum zum aktuellen Banco angeboten; will ein Spieler die Bank übernehmen, so sagt er „Passez-moi les cartes." Findet sich aber niemand, der die Bank mit der aktuellen Summe weiterführen möchte, so wird die Bank versteigert. Gibt niemand ein Gebot ab, so geht die Bank an denjenigen Spieler, der ohnedies als nächster Spieler die Bank erhalten würde; dieser muss zumindest das Minimumbanco setzen.

Sobald die Suite fällt, also die Bank verliert, erhält der Spieler zur Rechten des ursprünglichen Bankiers den Schlitten.

Prime

Wollen mehrere Spieler Banco spielen, so hat derjenige das Vorrecht (Prime), der näher zur Rechten des Bankhalters sitzt. (Suivi geht jedoch vor Prime.)

Während einer Suite ist für das Prime-Recht der Platz zur Rechten des ursprünglichen Bankiers maßgeblich.

Das Prime-Recht ist auch maßgeblich für die Gültigkeit der Einsätze der Pointeure, falls deren Summe das Banco überschreitet (vgl. oben).

Banco double – Verdoppeln der Banksumme

Ein Spieler kann auch auf der Seite des Bankhalters mitspielen, indem er seinerseits Jetons im Wert der aktuellen Banksumme in die Bank einbringt. Bankhalter und Mitbänker sind zu gleichen Teilen an Gewinn und Verlust beteiligt; ein Mitbänker hat aber kein Mitspracherecht bei den Entscheidungen der Bank, z. B. Suite geben oder weiter die Bank halten, Verhalten in den Volonté-Fällen.

Limits

Chemin de fer wird im Allgemeinen um sehr hohe Einsätze gespielt; von der Spielbank wird lediglich ein Minimumbanco, d. h. die Mindestsumme, die ein Bankhalter setzen muss, z. B. € 100, vorgeschrieben; ein Maximum gibt es nicht.

Der Mindesteinsatz für einen einzelnen Gegenspieler der Bank beträgt gewöhnlich ein Zehntel des Minimumbanco, also € 10. Die Summe der Einsätze aller Pointeure muss aber zumindest das Minimumbanco betragen – wird dieser Betrag nicht aufgebracht, so endet die Partie.

Spielende

Prinzipiell könnte das Spiel jederzeit, genauer: nach jedem einzelnen Spiel (Coup) beendet werden, üblicherweise wird eine Partie aber nur am Ende eines „Schlittens" beendet, d. h. wenn die Karten erneut gemischt werden müssten. Der Betrag, der bei Partieende in der Bank liegt, gehört natürlich dem aktuellen Bankier.

Bankvorteil

Verhalten sich beim Chemin de fer beide Parteien im Sinne der Wahrscheinlichkeitsrechnung und der Spieltheorie optimal, so ist der Bankhalter gegenüber den Pointeuren mit ca. 1,28 % im Vorteil.

Punto Banco

Punto Banco unterscheidet sich von Chemin de fer wie folgt:

Die Spieler spielen nicht gegeneinander, sondern gegen die Spielbank; d. h., die Summe der Einsätze auf Punto kann daher die Einsätze auf Banco übersteigen oder umgekehrt. Es gibt natürlich kein Banco, Suivi, Suite etc.

Ein Spieler kann beliebig (innerhalb der vom Kasino vorgegebenen Limits)

- auf Gewinn des Bankhalters (Banco oder Banker) oder
- auf Gewinn der Spieler (Punto oder Player) oder
- auf Unentschieden (Égalité oder Tie) wetten.

Banco gewinnt 0,95 zu 1, Punto gewinnt 1 zu 1, Égalité gewinnt 8 zu 1.

Es gibt keine Volonté-Fälle: Die Ziehungsregeln des Punto Banco bestimmen, dass der "Spieler" (Punto) bei fünf Punkten kaufen muss; ebenso muss der "Bankhalter" (Banco) bei drei Punkten und Ausgabe einer Neun kaufen, bzw. bei fünf Punkten und Ausgabe einer Vier.

Da diese Ziehungsregeln keine Freiheiten mehr zulassen, kann das Spiel vom Croupier durchgeführt werden, und die Karten werden gleich offen aufgelegt. Diese Spielart ist die heute am häufigsten anzutreffende.

Im langfristigen Mittel enden 9,54 % der Spiele unentschieden, damit beträgt der Vorteil der Spielbank – bei Punto Banco wettet man ja nicht untereinander, sondern gegen das Kasino – für die Wetten auf Égalité 14,12 %, diese Wette ist somit für den Spieler äußerst nachteilig.

Die Wetten auf Punto bzw. Banco sind annähernd gleichwertig. Von den verbleibenden 90,46 % aller Coups gewinnt in:

- 50,68 % der Fälle die Wette auf Banco, der Vorteil der Spielbank beträgt aufgrund der Auszahlungsquote von 0,95 zu 1 gerade 1,18 %, und in
- 49,32 % der Fälle die Wette auf Punto, der Vorteil der Spielbank für diese Wetten beträgt somit 1,36 %.

Zum Vergleich: der Bankvorteil bei den einfachen Chancen des Roulette beträgt 1,35 %.

Anmerkung: Die angegebenen Werte beziehen sich streng genommen auf ein hypothetisches Spiel mit unendlich vielen Kartenpaketen. In der Praxis werden sechs bzw. acht Pakete verwendet, der dadurch entstehende Unterschied ist aber unerheblich.

American Baccarat

In amerikanischen Kasinos wird Baccarat meist mit acht Paketen, also 416 Karten gespielt; ansonsten ist das Spiel identisch dem Punto Banco, allerdings wird das Zeremoniell des Chemin de fer beibehalten: d. h., die Karten werden nicht gleich offen vom Croupier ausgelegt, sondern von den Gästen des Kasinos gegeben, nach jedem Verlust der Banco-Chance wandert der Schlitten einen Platz weiter etc.

Baccara banque oder Baccara à deux tableaux

Bei Baccara banque spielt der Bankhalter gegen zwei Parteien von Pointeuren gleichzeitig. Zu Beginn der Partie wird die Bank meistbietend versteigert. Der bei der Auktion erfolgreiche Spieler wird der Bankhalter und übergibt dem Croupier einen Betrag in der Höhe seines Gebots, dieser legt es vor sich als Banco auf den Tisch – das erfolgreiche Gebot ist kein Kaufpreis, sondern bestimmt das anfängliche Spielkapital der Bank. Der Bankhalter nimmt nun an der Mitte einer Längsseite des Tisches dem Croupier gegenüber Platz und spielt gegen die beiden Tischhälften.

Sodann werden die Karten gemischt und coupiert, die neutrale Karte wird bei Baccara banque vor die zehntletzte Karte platziert und der Stapel in den Schlitten gelegt.

Die Pointeure tätigen ihre Einsätze, sodann teilt der Bankhalter die Karten verdeckt wie folgt: Die erste Karte erhält die rechte Tischhälfte, die zweite Karte die linke Tischhälfte, die dritte Karte der Bankhalter, die vierte wieder rechts, die fünfte links, die sechste der Bankhalter.

Nun sieht der Bankhalter seine Karten an: hat er 8 oder 9 Punkte, deckt er auf, die Pointeure ebenso und es wird abgerechnet. Hat er 7 oder weniger Punkte, so legt er seine beiden Karten wieder verdeckt vor sich nieder. Danach nehmen die Pointeure ihre Karten auf und erklären sich, d. h., sie decken auf oder verlangen eine Karte genau so wie der Ponte beim Chemin de fer. Dritte Karten werden offen gegeben, der Bankhalter entscheidet sich, ob er kaufen oder stehenbleiben will, nach Ausgabe der dritten Karten an die Pointeure. Sind alle Parteien bedient, wird abgerechnet.

Beispiel: Nach dem Geben hält der Bankhalter drei Punkte, das rechte Tableau acht Punkte, das linke Tableau fünf Punkte. Der Spieler des rechten Tableaus deckt auf und gewinnt sofort; der Spieler des linken Tableaus hat freie Wahl und entscheidet sich zu kaufen. Der Bankhalter gibt eine Fünf und entscheidet nun ebenfalls zu kaufen und gibt sich eine Sechs. Nun hält die Bank neun Punkte und gewinnt gegen das linke Tableau, das nun null Punkte hält, aber nicht gegen das rechte, da dieser Spieler den Coup bereits durch ein Naturel für sich entschieden hat.

Gewinnt ein Pointeur einen Coup, bzw. ist ein Coup en cartes, so erhält der Pointeur auch im folgenden Coup die Karten; verliert aber der Pointeur, so erhält im nächsten Coup die Karten sein Nachbar.

Im Unterschied zum Chemin de fer darf der Bankhalter beim Baccara banque die Bank auch nach einem verlorenen Coup weiterhalten. Solange ein Spieler die Bank hält, darf er kein Kapital entnehmen; er kann die Bank aber auch jederzeit abgeben (Suite).

Varianten

Baccara à banque ouverte oder Baccara banque à tout va

Das höchste Gebot, das ein Spieler bei der Versteigerung der Bank abgeben kann, ist „Banque ouverte"; d. h., dass er sich verpflichtet, Einsätze in jeder Höhe zu halten („Tous les coups sont tenus.").

Der Bankhalter muss vor jedem Coup die aktuelle Banksumme auf die Summe der Einsätze der Gegenspieler aufstocken oder die Bank abgeben; Gewinne dürfen wie üblich nicht entnommen werden. Bei Banque ouverte gibt es natürlich keine Banco-Ansage.

Baccara à banque limitée oder Baccara banque à hauteur

Wird die Bank nicht zum Höchstgebot Banque ouverte ersteigert, so wird Baccara à banque limitée gespielt, in diesem Fall werden häufig nur drei Pakete benutzt, nämlich zwei Pakete mit gleicher Rückenfarbe und ein drittes Paket mit einer anderen Rückenfarbe.

Hat der Bankier sein gesamtes Spielkapital verloren, so ist die Bank gesprengt, und es muss eine neue Versteigerung erfolgen. In manchen Kasinos ist es dem Bankier jedoch gestattet, die Bank fortzuführen, wenn er dieselbe Summe, mit der er das Spiel begonnen hat, erneut in die Bank einbringt. In früheren Zeiten als die Spielbanken selbst die Bank hielten, wurde, wenn die Bank gesprengt wurde, ein schwarzes Tuch über den Tisch gebreitet.

Übersteigt die Summe der Einsätze der Pointeure den in der Bank befindlichen Betrag, so kann der Bankier diese Einsätze akzeptieren und die Banksumme entsprechend erhöhen; er muss aber dann Banque ouverte erklären und ab dem folgenden Coup Einsätze in beliebiger Höhe zulassen oder die Bank abgeben.

So wie beim Chemin de fer kann man auch beim Baccara banque alleine einen Betrag in Höhe der Banksumme setzen. In diesem Fall muss der Spieler bestimmen, ob er den gesamten Einsatz auf eine Hand, d. h. auf ein Tableau, setzen möchte, oder den Einsatz à cheval auf beide Tischhälften – im letzteren Fall bedeutet dies, dass er auf jedes der beiden Tableaux die halbe Banksumme platziert.

Verliert der Pointeur, der Banco gespielt hat, so steht ihm – wie beim Chemin de fer – das Suivi-Recht zu. Sollte er ein zweites Mal verlieren, so darf er noch ein drittes Mal Banco spielen, aber kein weiteres Mal.

Wollen zwei oder mehr Spieler Banco spielen, so gilt das Prime-Recht, die Rangfolge beginnt mit dem ersten Spieler zur Rechten des Bankiers, dann folgt der erste Spieler zur Linken, dann der zweite zur Rechten usf. Meldet an jeder

Tischhälfte ein Spieler Banco an, so spielen die beiden zu gleichen Teilen.

Auch bei Baccara banque muss der Bankier – sofern nicht die Spielbank selbst die Bank hält – eine Taxe (Cagnotte) an das Kasino entrichten; diese beträgt (einmalig) 2,5 bis 5 % des in die Bank eingebrachten Kapitals. Wird die Taxe stattdessen von den Gewinnen berechnet, so beträgt sie 2 % bei Banque limitée bzw. 1,25 % bei Banque ouverte. Gewinnt der Bankier in einem Coup gegen das höher besetzte Tableau und verliert gegen das andere, so bemisst sich die Taxe an der Differenz der Einsätze auf den beiden Tableaux, d. h., Verluste in einem Coup werden gegen die Gewinne desselben Coups verrechnet.

Ansonsten gelten die Regeln des Chemin de fer.

Poker

Poker ist der Name einer Familie von Kartenspielen, die normalerweise mit Pokerkarten des anglo-amerikanischen Blatts zu 52 Karten gespielt werden und bei denen mit Hilfe von fünf Karten eine Hand (Pokerblatt) gebildet wird.

Dabei setzen die Spieler ohne Wissen um das (genaue) Blatt des Gegners einen unterschiedlich hohen und mehr oder weniger wertvollen Einsatz (Spielmarken, Chips, Geld etc.) auf die Gewinnchancen der eigenen Hand.

Die von den Spielern eingesetzten Chips eines Spieles („Pot") fallen schließlich demjenigen Spieler mit der stärksten Hand zu oder dem einzig Übriggebliebenen, wenn alle anderen Spieler nicht bereit sind, den von ihm vorgelegten Einsatz ebenfalls zu setzen. Dies eröffnet die Möglichkeit, durch Bluffen auch mit schwachen Karten zu gewinnen. Das Ziel im Poker ist es, möglichst viele Chips, Spielmarken oder Geld von anderen Spielern zu gewinnen.

In Casinos werden auch Spielvarianten angeboten, in denen die Spieler nicht alle gegeneinander um einen Pot spielen, sondern jeweils einzeln gegen das Haus.

Poker wird in Deutschland rechtlich gesehen weit überwiegend zu den Glücksspielen gezählt.

Je nach Spielvariante hat der Spieler verschiedene Möglichkeiten, sein Blatt zusammenzustellen. Auch die maximale und die bevorzugte Spieleranzahl sind je nach Variante verschieden. In manchen gewinnt nicht die beste Hand (High), sondern die schlechteste (Low).

Die Position der Spieler am Tisch. Die Buttons markieren die Blinds und den Dealer.

Der Dealer

Das Mischen und Austeilen der Karten ist im privaten Umfeld die Aufgabe eines der Mitspieler, des sogenannten Dealers. Die Rolle des Dealers wechselt von Spiel zu Spiel reihum zwischen den Mitspielern. In Casinos werden die Karten üblicherweise von einem Angestellten des Hauses verteilt. Die symbolische Position des Dealers wird hierbei durch eine Spielmarke, den Dealer-Button auf dem Spieltisch markiert.

Mindesteinsätze

Je nach Spielvariante müssen die Spieler am Spielbeginn Mindesteinsätze erbringen. Dies wird mittels Blinds oder Antes durchgeführt. Die Blinds werden von Spielern eingesetzt, die eine bestimmte Position relativ zum Dealer innehaben. Antes werden von allen Mitspielern oder, um den Ablauf zu vereinfachen, gelegentlich reihum durch einen einzigen Spieler stellvertretend für alle eingesetzt.

Ablauf eines Spiels

Nachdem die Mindesteinsätze gesetzt wurden, erhalten alle Spieler vom Dealer ihre ersten Karten. Danach folgen eine oder mehrere Setzrunden, in denen die Spieler ihre Karten einschätzen und ihre Einsätze machen. Zwischen den einzelnen Setzrunden wird die Verteilung der Karten verändert, indem der Dealer weitere Karten verteilt, oder den Spielern Gelegenheit zum Tausch von Karten gibt. Innerhalb der Setzrunden scheiden in der Regel einige Spieler freiwillig aus (folden).

Deren Einsatz verbleibt im Pot. Wenn in einer Setzrunde ein Spieler einen Einsatz macht, der von keinem der Mitspieler durch einen Einsatz in gleicher Höhe aufgewogen wird (Call), endet das Spiel. Der Spieler gewinnt den Pot; die verdeckten Karten der Spieler müssen normalerweise nicht aufgedeckt werden.

Die letzte Setzrunde ist erreicht, wenn alle im Spielschema vorgesehenen Kartenausgaben oder Kartentausche ausgeführt wurden, oder wenn die Einsätze den vereinbarten Höchstwert (Limit) erreicht haben. Haben zwei oder mehr Spieler den gleichen Betrag gesetzt, kommt es zum Showdown: Die im Spiel verbliebenen Mitspieler decken ihre Karten auf, und der Wert der jeweiligen Hände bestimmt, wer den Pot erhält.

Ablauf einer Setzrunde

In einer Setzrunde wetten die Spieler auf den Wert ihrer (oft noch unvollständigen) Hand. Dazu platzieren sie ihre Einsätze üblicherweise vor sich auf dem Spieltisch. Eine Setzrunde beginnt in einigen Varianten immer beim Spieler links des Dealers. In anderen Varianten kann der Beginn der Setzrunde variieren. Das Spielrecht wandert reihum mindestens genau einmal um den Tisch. Werden Erhöhungen durchgeführt, wandert das Spielrecht gerade so weit weiter, dass jeder Spieler auf die letzte Erhöhung reagieren kann.

Dafür wird der erste Einsatz der Runde als Erhöhung (von Null aus) angesehen. Am Ende einer Setzrunde haben entweder alle verbliebenen Spieler nichts gesetzt, haben Einsätze in derselben Höhe gemacht oder sind alle bis auf einen Spieler ausgestiegen. Die vor den Spielern liegenden Einsätze werden am Ende der Setzrunde in den Pot gegeben.

Mögliche Spielzüge in einer Setzrunde

Wurden in einer Setzrunde noch keine Einsätze gemacht (Blinds gelten nicht als Einsatz), so kann ein Spieler entweder schieben (checken) oder einen Einsatz (bet) machen. Haben andere Spieler bereits gesetzt oder erhöht, so kann der Spieler entweder aus dem Spiel ausscheiden (fold), selber einen Einsatz in gleicher Höhe machen (call) oder einen höheren Einsatz setzen (raise).

Für die gesetzten Beträge und für die Anzahl der Erhöhungen pro Setzrunde gelten je nach Spielvariante verschiedene Mindest- und Höchstzahlen (Limit).

Kombinationen

Eine Hand wird im Poker nach der Höhe der Kombination bewertet. Je unwahrscheinlicher eine Kombination ist, desto besser ist die Hand. Falls zwei Spieler die gleiche Kombination haben, entscheidet als letztes Kriterium die Beikarte (Kicker), wer den Pot erhält. Falls zwei Spieler allerdings die gleichen fünf Karten haben, kommt es in der Regel zu einem Split Pot; die Farben spielen dabei keine Rolle.

Die Bildung des eigenen Blattes aus nur fünf Karten wird bei den inzwischen weniger verbreiteten Draw-Varianten sowie dem Five Card Stud angewendet. Bei den verbreiteten Varianten Texas Hold'em und Seven Card Stud stellt sich der Spieler sein ebenfalls fünf Spielkarten umfassendes Blatt aus den insgesamt sieben verfügbaren Karten zusammen; daher ergeben sich bei sieben Karten höhere Wahrscheinlichkeiten für die höherwertigen Kartenkombinationen.

Bei einer Straße darf das Ass entweder am oberen Ende nach dem König oder am unteren Ende als Eins stehen. Eine Straße (Straight) von Ass bis Fünf ist also gültig, ebenso wie eine Straße von Zehn bis Ass. Round The

Corner Straights (Straße um die Ecke), beispielsweise von König bis Vier gelten dagegen nicht. Daraus folgt, dass eine Straße stets eine 5 oder eine 10 enthalten muss.

Spielvarianten

Um eine Pokervariante vollständig zu beschreiben, müssen die Spielart, die Setzstruktur, die Blindstruktur und Wertungsvariante sowie gegebenenfalls Sonderregeln vorgegeben werden. Die Spielart legt fest, welche Karten der Spieler sehen darf und welche Karten er für die Bildung der besten Hand verwenden darf. Die Setzstruktur gibt vor, wie viel der Spieler setzen oder erhöhen darf. Die Blindstruktur bestimmt, wie der Grundstock von Einsätzen für das Spiel gebildet wird. Mit den Sonderregeln kann das Spiel auf beliebige Weise abgeändert werden.

Man unterscheidet grob zwischen drei verschiedenen Kategorien des Kartenpokers.

In die Kategorie Hold'em fällt neben Texas Hold'em, das seit einiger Zeit mit Abstand die beliebteste Variante ist, auch Omaha Hold'em, die der erstgenannten Variante sehr ähnlich ist. Bei diesen und allen weiteren Hold'em-Varianten kommen im Laufe der Zeit so genannte Community Cards (dt. Gemeinschaftskarten oder engl. Board Cards), bei diesen beiden Varianten sind es fünf, auf den Tisch. Mit diesen Karten kann jeder Spieler seine Hand bilden. Zusätzlich zu diesen Karten erhält jeder Spieler zu Beginn einer Runde Hole Cards. Diese Karten sind nur für diesen Spieler ersichtlich, können also nur von diesem Spieler genutzt werden. International ist die Variante No Limit Texas Hold'em am weitesten verbreitet. No Limit bedeutet, dass jeder Spieler in jedem Zug alle seine Chips setzen kann. Speziell bei der Variante Omaha Hold'em ist das Limit Pot Limit sehr weit verbreitet. Der Grund für die Popularität von Texas Hold'em ist, dass das Spiel zwar für Anfänger leicht zu erlernen ist, es aber dennoch seine Zeit braucht, bis ein Spieler ein hohes Niveau erreichen kann.

Beim Stud Poker erhält jeder Spieler sowohl offene, als auch verdeckte Karten. Ein weiteres Merkmal dieser Variante ist, dass die Position des Spielers, der die Runde eröffnet, sehr häufig wechselt. In diese Kategorie fällt neben dem Casinospiel Tropical Stud auch das weit verbreitete Seven Card Stud, welches das ältere Five Card Stud fast völlig verdrängt hat. Stud wird in der Regel immer mit Ante und Fixed Limit gespielt. Seven Card Stud war bis vor einigen Jahren meistens die einzige Variante, die in Casinos angeboten wurde. Mittlerweile offerieren aber auch immer mehr Spielbanken Texas Hold'em.

Die dritte Kategorie, das Draw Poker, wird als die Älteste angesehen. Hier erhält jeder Spieler eine, je nach Variante, festgelegte Anzahl an Karten, die er verdeckt in seiner Hand hält. Draw Poker ist die einzige Kategorie, bei der ein Spieler keine Karten des Gegners zu Gesicht bekommt. Die bekannteste Variante ist Five Card Draw. Bei dieser Variante hält jeder Spieler fünf Karten in der Hand. Er kann in mehreren Setzrunden Karten gegen unbekannte Karten tauschen, um seine Hand zu verbessern. Five Card Draw war auch lange Zeit die beliebteste, am weitesten verbreitete Variante und wurde auch in vielen Filmen thematisiert. Da die Variante im Wilden Westen sehr weit verbreitet war, findet sie sich insbesondere in Western wieder.

Weitere verbreitete Casinopokervarianten, die nicht direkt zu diesen Kategorien gehören, sind Pai Gow Poker und Easy Poker. Poker kann auch mit Spielwürfeln gespielt werden. Pokerwürfel entstanden um 1880 in den Vereinigten Staaten. Es existiert ein Patent aus dem Jahr 1881. Pokerwürfel zeigen an den sechs Flächen die Kartensymbole Ass, König, Dame, Bube, Zehn und Neun. Das Ass liegt der Neun, der König der Zehn und die Dame dem Buben gegenüber. Die drei grundlegend verschiedenen Formen des Würfelpoker sind Poker Dice oder Offenes Würfelpoker, Liar Dice oder Verdecktes Würfelpoker (franz. Poker menteur) und Escalero.

Setzstruktur

Die Setzstruktur gibt an, wie viel ein Spieler setzen und um wie viel er erhöhen darf. Auch hier wird zwischen verschiedenen Variationen unterschieden. In der No Limit-Variante darf der Spieler jederzeit seine gesamten Chips setzen, man sagt: er ist All In. Dieses Limit wird besonders häufig in den Hold'em-Varianten eingesetzt.

Die Pot Limit-Variante unterscheidet sich von dem oben genannten No Limit nur dadurch, dass höchstens soviel gesetzt werden kann, wie sich bereits im Pot befindet.

Wenn ein Spieler einen Einsatz leistet, wird dieser sofort zum Pot dazu addiert.

Fixed Limit (oft auch nur Limit genannt) schreibt die Höhe der Einsätze und Erhöhungen direkt für jede einzelne Setzrunde vor. Es ist zwar möglich, dass in jeder Setzrunde das gleiche Limit verwendet wird, jedoch ist dies unüblich. Weit verbreitet ist es, dass der Grundeinsatz nach der Hälfte der Setzrunden verdoppelt wird. Eine weitere, häufig angewendete Regelung ist, dass in einer Setzrunde höchstens dreimal erhöht werden darf. Dieses Limit ist dem No Limit sehr gegensätzlich. Der Unterschied rührt daher, dass es bei dieser Variante sehr schwer ist, den Gegner aus einer Hand zu bluffen.

Spread Limit ist bei weitem nicht so verbreitet, wie die drei anderen Varianten. Hier darf nur innerhalb eines bestimmten Bereichs gesetzt oder erhöht werden.

Bei allen Limit-Varianten muss ein Spieler, der erhöhen will, den Einsatz mindestens um den Big Blind erhöhen. Bei Fixed Limit wird dies dem Spieler sogar vorgeschrieben; er muss also genau um den Blind erhöhen. Eine Ausnahme stellt bei den Varianten No- und Pot Limit das all in dar.

Eine weitere Ausnahme bildet der sogenannte Cap, hierbei wird der maximale Einsatz eines einzelnen Spielers über alle Setzrunden auf einen festen Betrag limitiert. Effektiv wird somit der Stack der Spieler für jede laufende Hand auf den Cap limitiert. Normalerweise werden nur No Limit und

Pot Limit Cash Games mit hohen Blinds bzw. Antes mit einem Cap gespielt.

Struktur der Mindesteinsätze

Damit ein gewisser Druck auf die Spieler ausgeübt wird, muss sich vor dem Beginn einer Spielrunde eine gewisse Menge an Chips im Pot befinden. Je nach Variante sind die beiden Lösungen Blind und Ante verbreitet. Während Erstere nur von zwei Spielern entrichtet werden, dem so genannten Small- und Big Blind, muss das Ante von allen Spielern gezahlt werden.

Bei Hold'em-Varianten werden traditionell immer Blinds verwendet. Dem entgegen stehen sowohl Stud- als auch Draw-Varianten bei denen fast ausschließlich Antes geleistet werden müssen. Besonders im späteren Verlauf bei großen Hold'em-Turnieren, aber auch in Cash Games, werden oftmals sowohl Blinds als auch Antes verwendet.

Wertungsvarianten

Die Wertungsvariante gibt die Reihenfolge der Kombinationsmöglichkeiten einer Hand an.

Die klassische Variante ist High. Hier gewinnt die beste Hand, gemessen an den gewöhnlichen Kombinationsmöglichkeiten. Der Royal Flush ist also die stärkste Hand, während High Card die schwächste Kombination darstellt. High ist heute am Weitesten verbreitet.

Bei Low (auch Lowball) gewinnt nicht die nach obigen Maßstäben beste, sondern die schwächste Hand. Low ist eigentlich nur ein Überbegriff, der wiederum verschiedene Wertungsvarianten kennt. Die am weitesten verbreitete Untervariante von Low wird Lowball ace to five genannt. Sie kennt weder Straights noch Flushes.

Die niedrigste Karte ist das Ass, die eine Eins repräsentiert. Auf das Ass folgt die gewöhnliche Reihenfolge, also 2-10, gefolgt von den Bildkarten. Die beste Hand in oben angesprochener Variante ist also eine Kombination der Karten von Ass bis Fünf, die Schwächste ist ein Vierling aus Königen mit einer Dame als Kicker. Eine weitere Untervariante ist Lowball Deuce to Seven.

Hier gibt es alle gewöhnlichen Kombinationen, also auch Straights und Flushes. Das Ass gilt als höchste Karte. Die beste Hand ist also Zwei bis Sieben ohne Sechs. Falls mehrere Spieler bei Low die gleiche Kombination haben, verliert der Spieler mit der höchsten Karte.

Falls diese identisch ist, zählt die zweit-, danach die dritthöchste Karte. Falls zwei oder mehr Spieler die gleiche beste Hand halten, kommt es wie gewohnt zu einem Split Pot.

Daneben gibt es auch High/Low. Diese Variante vereint die beiden anderen Wertungsvarianten. Der Pot wird am Ende in zwei gleich große Teile aufgeteilt. Ein Teil geht wie bei High an die beste, der andere wie bei Low-Variante an die niedrigste Hand. Es ist durchaus möglich, wenn auch unwahrscheinlich, mit einer Hand sowohl die beste Low-, als auch die beste High-Hand zu halten (Scoop). Besonders die Hand Ass bis Fünf (das sogenannte Wheel) wird angestrebt, da sie sowohl eine Straight, als auch die Low Nuts darstellt.

Eine andere interessante Untervariante, welche häufig in unten beschriebenen High/Low-Varianten zur Anwendung kommt, ist das sogenannte Eight or better. Um sich hierbei für eine Low-Hand zu qualifizieren, benötigt der Spieler fünf ungepaarte Karten mit dem Wert 8 als höchstem erlaubten Wert. Das Ass zählt als Eins, Flushes und Straights zählen nicht gegen den Spieler.

Sonderregeln

Neben Home Games werden Sonderregeln des Öfteren auch bei Cash Games verwendet. Wenn bei einem solchen Spiel alle im Pot verbliebenen Spieler einen Regeländerungsvorschlag akzeptieren, wird dieser in der Regel auch angewendet.

Eine bekannte Sonderregel ist, dass ein Spieler eine Mindesthand haben muss, damit er zu Beginn setzen darf. Bei dem Casinospiel Let it Ride bekommt der Spieler erst

Geld ausgezahlt, wenn er eine bessere Hand als ein Paar Zehner hat. Ebenfalls weit verbreitet ist die Regelung, dass bestimmte Karten eines Decks zu Jokern erklärt werden. Dafür können Wildcards eingeführt werden. Dadurch wird auch ein Fünfling möglich. Diese Hand schlägt nach den gängigen Regeln sogar einen Royal Flush.

Daneben gibt es eine Reihe von modifizierten Varianten, wie etwa Royal Hold'em oder Speedpoker.

Begriffe, Spieltheorie und Psychologie

Durch die Jahre haben sich für fast alle Verläufe einer Hand spezifische, meist englische, Begriffe eingebürgert. Diese Begriffe müssen meistens je nach Spielvariante differenziert werden, um korrekt verstanden zu werden. Der Grund, warum beinahe alle Ausdrücke in Englisch gehalten sind, besteht darin, dass das Spiel seine Wurzeln in den Vereinigten Staaten hat und die wichtigsten Entwicklungen dort stattgefunden haben.

Spieltheorie

Poker diente verschiedenen Pionieren der mathematischen Spieltheorie als Beispiel. So kündigte John von Neumann bereits 1928 einen mathematischen „Beweis der Notwendigkeit des ‚Bluffens' beim Poker" an. Da „das wirkliche Pokern ein viel zu komplizierter Gegenstand für eine erschöpfende Diskussion" ist, wurden allerdings nur stark vereinfachte Modelle untersucht. Die ersten Ergebnisse, welche die Notwendigkeit und die Natur des Bluffens formal anhand eines ein Zwei-Personen-Poker-Modells erklärten, veröffentlichten John von Neumann und Oskar Morgenstern 1944. Auch John Nashs Dissertation aus dem Jahr 1950 an der Princeton University, für die er im Jahr 1994 zusammen mit Reinhard Selten und John Harsanyi den Wirtschaftsnobelpreis erhielt, enthält als Beispiel für seinen nicht-kooperativen Lösungsansatz (Nash-Gleichgewicht) eine 3-Personen-Version eines sehr einfachen Poker-Modells.

Die spieltheoretischen Begründungen von Entscheidungen greifen insbesondere im Onlinepoker, wo es unmöglich ist, Spielern über physische Körperreaktionen (Augen, Hände, verbales Verhalten etc.), auch Tells genannt, anzusehen, ob sie gute Karten haben oder nicht. Das klassische Werk, in dem Poker spieltheoretisch analysiert wird, ist The Theory of Poker von David Sklansky. Aus theoretischer Sicht ist es in jeder Situation optimal, die Entscheidung mit dem höchsten Erwartungswert zu treffen, das heißt die Entscheidung, die einem im Mittel die meisten Chips bzw. das meiste Geld einbringt.

Beispielsweise ist eine Entscheidung, bei der man in 10 Prozent der Fälle 15€ gewinnt und in 90 Prozent der Fälle 1€ verliert, klar einer anderen Spielweise vorzuziehen, in der man in 50 Prozent der Fälle 10€ verliert und in den anderen 50 Prozent 10€ gewinnt. Dafür ist es wichtig, die Konzept der Pot Odds verstehen und anwenden zu können.

Wichtig ist ferner, die eigene Position bei Entscheidungen zu berücksichtigen. Eine von mathematischer Seite besonders weit erschlossene Pokerform stellen Turniere der Form Sit and Go dar. Für deren Spätphase, in der die Chips der Spieler klein sind gegenüber den Blinds, existiert mit dem Independent Chip Model ein mathematisches Modell, mit dessen Hilfe Entscheidungen getroffen werden können.

Psychologische Komponente

Ein guter Spieler kann durch das Beobachten der anderen Spieler erahnen, mit welcher Strategie der Gegner spielt. Er achtet auf das Setz- und Spielverhalten, sowie auf das Tempo, mit dem Entscheidungen getroffen werden. Neben dem Beobachten der Spielweise kann man auch an dem Verhalten der Spieler Zeichen erkennen, die auf die Stärke der Hände hinweisen (so genannte Tells).

So sagt man, dass ein langes Betrachten der Karten ein Zeichen für eine starke Hand sei. Außerdem kann man erkennen, ob ein Spieler nervös ist. Um dies festzustellen, beobachten die Spieler die Körperhaltung, die Augen, das Gesicht und die Hände der Gegenspieler. Wenn ein Spieler absolut keine Informationen über tells preisgibt, also beispielsweise keine Nervosität zeigt, spricht man von einem Pokerface. Dies erfordert eine sehr starke Disziplin.

Deshalb benutzen viele professionelle Pokerspieler unter anderem Sonnenbrillen, um die Augen zu verdecken. Weitere Methoden sind die Karten nur möglichst kurz anzusehen und über Kopfhörer Musik zu hören, um sich abzulenken. Wenn Spieler ihre noch vorhandenen Chips zählen, zeigt dies oft, dass sie zwar nur noch wenige besitzen, aber dennoch diese Hand spielen wollen. Andere führen Tricks mit den Chips vor, um ihre Gegner abzulenken.

Außerdem geben einige Spieler Ratschläge für andere Spieler oder kommentieren die aufgedeckten sowie die eigenen Karten. Einige Spieler provozieren die Gegner sogar durch harte verbale Attacken. Wenn man erkennt, in welchen Situationen und wie die Spieler reden, kann man daraus ebenfalls einen Vorteil ziehen. Mit dieser Methode kann man seine Gegner verunsichern. Um die eigene Sicherheit zu zeigen, bestellen sich einige Spieler, nachdem sie all in gegangen sind, ein Getränk, um anzudeuten, dass sie noch lange am Tisch sitzen werden.

Gute Spieler beherrschen diese Methoden und können sie variabel, also auch dann wenn sie eigentlich unüblich sind, einsetzen. In den meisten Online Casinos werden deshalb Chats angeboten. Dort kann der Spieler aber nicht die Mimik der Gegner lesen, sondern nur das gespielte Verhalten und die Strategie deuten.

Geschichte und Etymologie

Als ältester Vorläufer des Pokerspiels wird häufig das persische Kartenspiel As Nas genannt, doch ist diese Behauptung mit Sicherheit falsch. Tatsächlich sind in erster Linie das deutsche Poch oder französische Poque als frühe Formen des Pokerspiels anzusehen. Weitere Vorläufer sind das im 16. Jahrhundert verbreitete Primero (span. oder ital.: Primiera und franz.: Prime). Weitere Spiele, die die Entwicklung des Pokers beeinflusst haben, sind das englische Brag und das französische Bouillotte (Brelan) und Belle, Fluss und Einunddreißig.

Die Namen Poch und Poque leiten sich vom Verb „pochen" ab, welches auf Englisch to poke heißt. Daraus entwickelte sich in weiterer Folge der Name Poker; dieser ist allerdings erst im Jahre 1836 nachgewiesen.

Das Spiel wurde um 1829 von französischen Siedlern nach New Orleans in die Vereinigten Staaten gebracht. Der englische Schauspieler Joseph Crowell berichtete zu dieser Zeit, dass das Spiel mit einem Paket zu 20 Karten von vier Spielern gespielt worden ist. Die Spieler setzen auf die vermeintlich beste Hand. Von dort ausgehend, breitete sich das Spiel vor allem über Mississippi-Dampfschiffe über den gesamten Osten des Landes aus. Jonathan E. Green warnte 1834 als erster schriftlich vor dem Kartenspiel. Er bezeichnete es als Schummelspiel, das viele Siedler ihr ganzes Vermögen kostete.

Während des Goldrausches Mitte des 19. Jahrhunderts breitete sich das Spiel im Westen der Staaten aus.

Nachdem sich das Spiel über die ganze USA ausgebreitet hatte, wurde einheitlich mit einem Paket zu 52 Karten gespielt. Zusätzlich dazu wurde der Flush eingeführt.

Viele Pokervarianten, wie Stud Poker oder Draw Poker, wurden zum ersten Mal während des Sezessionskrieges (1861–1865) gespielt. In dieser Zeitspanne wurde auch das Straight als Hand aufgenommen.

Die jüngste Gruppe stellen die Hold'Em-Varianten dar. Die älteste Poker-Variante mit Community Cards ist Spit in the Ocean, sodass die Hold'Em-Varianten in der Literatur oft unter der Bezeichnung Spit Poker zusammengefasst erscheinen. Spit in the Ocean ähnelt freilich mehr dem klassischen Five Card Draw als dem modernen Texas Hold'em. Eine engere Verwandtschaft besteht zwischen den modernen Hold'Em-Spielen und Cincinnati, einer der unzähligen Dealer's-Choice-Varianten. Interessanterweise findet sich eine Beschreibung des Texas Hold'em im „Hoyle" von 1983 (A. Morehead und G. Mott-Smith) unter dem Namen Omaha. Den großen Boom erlebten die Hold'em-Varianten erst in den späten 1990er Jahren, als diese Varianten von den Casinos favorisiert wurden.

Pokerboom

Einen Aufschwung in der Beliebtheit erlebte Poker bei Beginn der World Series of Poker Anfang der 1970er Jahre. Davor galt es als reines Glücksspiel, ohne strategische Elemente. Dieses verbreitete Bild wurde dadurch bestärkt, dass es in früherer Zeit, besonders im 19. Jahrhundert, des Öfteren zu handgreiflichen Auseinandersetzungen aufgrund von Betrügereien kam, die auch blutig enden konnten. Der Pokerboom fand mit dem Gewinn des Amateurspielers Chris Moneymaker bei der WSOP 2003 seinen Anfang und wurde in seinem Ausmaß durch die Entwicklung des Onlinepokers möglich. So haben sich die Teilnehmerzahlen für dieses Turnier in den folgenden drei Jahren auf über 8000 Spieler (im Jahr 2006) verzehnfacht.

Das prozentuale Wachstum des Marktes ist in den europäischen Ländern hoch, die traditionell keine Affinität zum Pokern besaßen, so auch in Deutschland. Eine weitere Entwicklung ist, dass immer mehr Spieler, auch Anfänger, über das Internet Poker spielen. Die Anbieter fördern dies zusätzlich mit intensiven Werbemaßnahmen.

Der Boom hat zur Folge, dass immer mehr Pokersendungen, hauptsächlich Turniere, im deutschsprachigen Fernsehen übertragen werden. Um den vielen Anfängern den Einstieg in das Spiel zu vereinfachen, produzieren viele Unternehmen Pokersets, denen das wichtigste Zubehör beiliegt; ebenso hat sich ein Markt für Pokertische etabliert. Diese Veränderungen haben dazu beigetragen, dass Poker in Deutschland in den letzten Jahren „salonfähig" geworden ist und von vielen gespielt wird.

Gesellschaftliche Entwicklung

Poker hatte lange Zeit einen sehr schlechten Ruf als Glücksspiel und wurde vor allem mit Kartenhaien und Falschspiel in Verbindung gebracht. Während der Entstehungszeit des Pokers im 19. Jahrhundert wurde es meist von Berufsspielern verbreitet, die Neulinge und Amateure durch überlegene Beherrschung des Spiels, teilweise durch Betrug, um ihren Einsatz brachten.

Tatsächlich ist die Verteilung der Karten zufällig, doch durch die freie Entscheidung der Spieler darüber, wann und wie viel sie setzen, ergibt sich eine starke strategische und psychologische Komponente. Gute Spieler verstehen es, durch Kenntnis der Wahrscheinlichkeiten und Beobachten der anderen Spieler schlechte Hände frühzeitig aufzugeben, Verluste gering zu halten und Gewinne zu maximieren.

Bei einzelnen Turnieren, wie der World Series of Poker, spielt das Glück weiterhin eine Rolle, da durch die Setzstruktur relativ kurze Spiele mit wenigen Händen erzwungen werden — mittlerweile gilt es als nahezu ausgeschlossen, dass sich ein Spieler zweimal in Folge durchsetzen kann.

Trotzdem waren es diese Turniere, ebenso wie eine immer weitere Verbreitung freundschaftlicher Pokerrunden (zuerst in den USA, inzwischen auch in Europa), die die strategischen Aspekte des Spiels bekannter und es damit salonfähig machten. In jüngster Zeit werden immer öfter Pokerturniere im Fernsehen übertragen — dadurch wird die

Bekanntheit und Akzeptanz in der Bevölkerung erhöht. Dies liegt im Interesse der Onlinepoker-Anbieter, die sowohl die Turniere als auch die Fernsehübertragungen mitfinanzieren.

Gefahren

Wie fast jedes Spiel, das Glücksspielaspekte mit einem Geldeinsatz verbindet, birgt auch Poker Abhängigkeitsrisiken. Die weite Verbreitung und die einfachen Regeln geben Anfängern den Eindruck, dass es nicht schwer sei, Gewinn zu machen. Dieser Eindruck wird durch die scheinbar geringen Einsätze vor allem in Online Casinos unterstützt. Das Ziel des Anbieters ist es, einen potentiellen Spieler anzulocken. Einmal im Spiel, können sich die kleinen Einsätze zu beachtlichen Summen addieren.

Allgemein gilt die Regel, dass der Spielbetreiber einen festgelegten Anteil jedes Pots erhält. Das kann bei langen, ausgeglichenen Spielverläufen dazu führen, dass alle Spieler am Ende einer Sitzung verloren haben.

Speziell beim Onlinespiel gibt es eine weitere Gefahr, nämlich das Fehlen jeglicher sozialer Kontrolle, sei es durch menschliche Mitspieler oder Kasinoangestellte.

Homegames

Unter diesem Begriff werden Spielrunden von Bekannten oder Freunden verstanden, die vorwiegend zur Unterhaltung spielen. Insbesondere in den USA treffen sich Freunde oder Kollegen regelmäßig zum Spielen. Poker nimmt hier eine ähnliche Stellung wie Skat oder Doppelkopf in Deutschland ein. Im Zuge des Pokerbooms der letzten Jahre werden Homegames in Deutschland beliebter.

In Homegames wird im Allgemeinen auch um Geld gespielt, allerdings meist um wesentlich geringere Beträge als in Casinos üblich. In den privaten Spielrunden werden oft andere Spielvarianten als in Casinos gespielt. Weit verbreitet sind Draw Poker. Oft werden die Spielregeln um Sonderregeln erweitert. Eine besondere Form ist es, dass der Geber die Spielvariante und die Sonderregeln bei jedem neuen Spiel festlegt. Durch die Fernsehübertragungen ist Texas Hold'em eine beliebte Variante für Homegames geworden.

Homegames können in der Turniervariante gespielt werden, Gewinner ist der Spieler, der am Ende alle Chips gewonnen hat, oder als Cash Game wo einkaufen möglich ist, wenn die Chips verloren wurden.

Öffentliche Pokerräume

Anders als in Deutschland ist es in einigen Bundesstaaten der USA, etwa in Kalifornien, möglich, ohne

Glücksspiellizenz eine professionelle Umgebung für das Pokerspielen anzubieten. In diesen öffentlichen Pokerräumen werden Tische mit Geber für verschiedene Pokervarianten bereitgestellt. Der Geber mischt und gibt die Karten, ermittelt den Gewinner und verteilt den Gewinn. Die öffentlichen Pokerräume finanzieren sich meist genauso wie Spielbanken über einen Anteil am Pot, den so genannten Rake, der vom Geber in jeder Runde eingesammelt wird.

Alternativ wird von jedem Spieler regelmäßig ein bestimmter Geldbetrag eingesammelt, dies kann in bestimmten Zeitabständen, z. B. einer halben Stunde oder, wenn der Spieler eine bestimmte Position einnimmt, z. B. wenn er eigentlich Geber wäre, erfolgen. In öffentlichen Pokerräumen sind die gleichen Spielvarianten wie in den Casinos verbreitet, in den USA also vor allem Texas Hold'em und Seven Card Stud.

Wie in Casinos auch gehören bestimmte Verhaltensweisen in öffentlichen Pokerräumen zum guten Ton. Dazu gehört unter anderem das so genannte Toke. Dies ist ein Trinkgeld für den Geber bei einem hohen Gewinn, wie es auch beim Roulette mit einem Plein üblich ist.

Casinos

Das Kurhaus Wiesbaden, in dessen ehemaligem Weinsaal der Pokerraum untergebracht ist

Spielbanken sind in Deutschland die einzigen legalen Anbieter von Pokerspielen um Geld. Früher wurde Poker nur in wenigen Spielbanken angeboten, mittlerweile bieten jedoch die meisten auch Poker an. Sie finanzieren sich genauso wie die öffentlichen Pokerräume. Auch die Regeln sind gleich. In Casinos wird meist nur eine begrenzte Anzahl von Pokervarianten angeboten. In Europa war Seven Card Stud lange Zeit die am häufigsten, manchmal auch einzige, angebotene Variante. Im Zuge des Pokerbooms durch die Fernsehübertragungen wird aber auch Texas Hold'em immer häufiger angeboten. Casinos sind die wichtigsten Anbieter von Turnieren. So werden alle Turniere der wichtigsten Turnierserien (World Series of Poker, World Poker Tour und European Poker Tour) in Casinos ausgetragen.

Die World Series of Poker wurde 2007 in Las Vegas, NV im Rio ausgetragen, die European Poker Tour im Casino Baden im September 2007. Die Kosten für Geber und Räumlichkeiten werden durch eine Gebühr zusätzlich zum Einsatz, den jeder Spieler zahlen muss, gedeckt. Die Gebühr beträgt meist 10 Prozent des Einsatzes, bei geringen Einsätzen können die Gebühren aber deutlich höher liegen. Aus den Einsätzen werden die Preisgelder bezahlt. Mittlerweile gibt es auch in Deutschland von verschiedenen Anbietern organisierte Amateurturniere in mehreren deutschen Städten, gespielt wird dabei ausschließlich um Sachpreise, die sich nicht aus den Antrittsgebühren der Spieler, sondern nur durch Sponsoren finanzieren dürfen.

Onlinepoker

Im Zeitalter von Computer und Internet wird auch das Pokerspielen über das Internet immer beliebter. So spielten nach Angabe von casinoportalen.de Anfang 2007 eine Viertelmillion Deutsche regelmäßig Poker gegen andere menschliche Spieler über den Computer. Die Gründe dafür sind vielschichtig. So ist es speziell für Anfänger sehr einfach, die Regeln zu lernen und erste Erfahrungen zu sammeln. Da fast alle Pokerräume auch Tische anbieten, bei denen um Spielgeld gespielt wird, besteht auch nicht die Gefahr, Geld gegen erfahrene Spieler zu verlieren. Professionelle Spieler schätzen dagegen die Möglichkeit, an mehreren Tischen zur gleichen Zeit zu spielen und damit die Möglichkeit zu haben, ihren durchschnittlichen Gewinn pro Stunde zu optimieren.

Des Weiteren sind für gewöhnlich zu jeder Tageszeit Pokerspieler online, sodass man fast immer Mitspieler findet. Beide Aspekte zusammen führen dazu, dass ein Spieler beim Onlinepoker pro Tag weit mehr einzelne Runden spielen kann, als in Casinos. Dadurch können Onlinespieler relativ schnell den Rückstand in Spielerfahrung gegenüber Offline-Spielern aufholen, die teilweise schon seit mehreren Jahrzehnten professionell spielen. Onlinepoker hat jedoch auch einige Nachteile. So versuchen die großen Anbieter, Anfänger zu ködern und vermitteln ihnen den Eindruck, dass das Spiel sehr leicht zu erlernen ist. Oftmals wird auch betont, dass es kostenlos ist, das gilt jedoch nur für Spielgeldtische, bei denen das

Spielniveau noch dazu meist deutlich niedriger ist, als bei Echtgeldtischen. Zudem besteht die Gefahr, dass der Spieler von seinen Mitmenschen isoliert wird. Ein weiterer Kritikpunkt ist, dass viele Aspekte, die Poker von anderen Kartenspielen unterscheiden, wegfallen, wie beispielsweise, dass die Verhaltensweise des Gegners bei Mimik und Gestik nicht gelesen werden kann.

Der Anbieter finanziert sich darüber, dass er von jedem Pot oberhalb einer bestimmten Größe einen Anteil einbehält. Dieses so genannte Rake ist auch in Casinos üblich und bewegt sich zwischen 4 und 20 Prozent der Potgröße. Daneben gibt es aber auch Spiele um virtuelles Spielgeld. Viele Spieler verwenden Programme, die parallel auf ihren Rechnern laufen und dem Spieler detaillierte Informationen über statistische Wahrscheinlichkeiten geben und ihn teilweise bei Routinerechnungen entlasten.

Die Einsätze bewegen sich dabei in einer großen Bandbreite von Limits wie 2 Cent bis hin zu einer Größe des Big Blinds von 2.000$. Die Legalität von Onlinepoker ist in vielen Rechtsordnungen fraglich. Das deutsche Strafrecht gestattet das Betreiben von Glücksspielen grundsätzlich nur mit einer entsprechenden Konzession. Sowohl das Anbieten (§ 284 StGB) als auch die Teilnahme (§ 285 StGB) an einem nicht genehmigten Glücksspiel sind grundsätzlich mit Strafe bedroht, dies gilt auch für Online-Casinos.

Professionelles Poker

Es gibt Spezialisten, die mit dem Pokerspiel so viel Geld verdienen, dass sie davon leben können. Das bedeutet, dass diese Spieler über weite Strecken einen Stundengewinn haben, der dem Stundenlohn eines Arbeitnehmers mindestens gleichkommt. Besonders geeignete Spielvarianten für professionelles Poker sind die Formen, bei denen viele Hände gespielt werden und die Gebühren für das Casino niedrig sind.

Viele professionelle oder semi-professionelle Spieler erzielen den größten Teil ihrer Einnahmen beim Onlinepoker. Das hat den Grund, dass man sich die Spielzeiten flexibel einteilen kann, da zu jeder Zeit Mitspieler verfügbar sind und der Spieler deshalb nicht auf bestimmte Turniere oder Cash Games in Spielbanken oder seltener im privaten Bereich angewiesen ist, die zu einer ganz bestimmten Zeit stattfinden. Dadurch lässt sich das Budget für den Spieler besser planen. Gerade aber durch die fehlende Möglichkeit, Mimik, Gestik und Verhalten der Gegenspieler zu beobachten und zu analysieren, wird der spielerische Leistungsunterschied zwischen den einzelnen Spielern geringer.

Dagegen ist es möglich, mehr Hände pro Stunde zu spielen, da man mehrere Tische gleichzeitig spielen kann und es keine Wartezeiten gibt, die durch menschliche Dealer verursacht werden. Da man als professioneller Spieler davon ausgeht, einen prinzipiellen Vorteil zu haben, bedeuten mehr Hände pro Stunde auch einen höheren Gewinn pro Stunde.

Der größte Teil der Spieler, der seinen Unterhalt mit Poker bestreitet, hat sich auf Cash Games spezialisiert. Diese Spielart hat den Vorteil, dass die Spieler relativ zu den Blinds einen größeren Stack haben, was die Komplexität des Spiels und damit auch die Gewinnraten guter Spieler erhöht. Ein weiterer Grund, weshalb Cash Games oft bevorzugt werden, liegt darin, dass der Spieler zu jeder Zeit aussteigen kann und die Spielzeiten somit flexibler gestaltbar sind. Bei Turnieren muss man oft Stunden spielen, größere Live-Events gehen gar über Tage.

Nur wenige professionelle Pokerspieler sind Turnierspieler, da bei Turnieren unter anderem der Glücksfaktor deutlich höher ist. Dies liegt daran, dass durch die relativ kleinen Stacks im Verhältnis zu den Blinds nur wenige Entscheidungen getroffen werden können. Andererseits ist der durchschnittliche Turniergegner deutlich schlechter als der durchschnittliche Cashgamegegner. Viele Turnierspieler verdienen ihr Geld gar nicht durch den Turniererfolg, sondern durch Verdienste aus Sponsorverträgen. Dies ist im begrenzten Umfang auch in Online-Cash Games möglich.

In den Jahren 2002, 2003, 2004, 2005 und 2006 wurde das Main Event, das Hauptturnier der World Series of Poker, von Amateurspielern gewonnen. Dies zeigt, dass gerade im Turnierspiel die unbekannten Spieler den großen Pokerstars während einer einzelnen Meisterschaft nicht zwingend unterlegen sein müssen.

Durch den Glücksfaktor, den Poker mit sich führt, ist es schwer oder gar unmöglich zu beurteilen, wer der weltbeste Spieler ist, da kein Spieler zu jeder Zeit perfekt spielt und es bisher nicht gelungen ist, die meisten Pokerspiele mathematisch zu analysieren oder auch nur ein Näherungsverfahren für gute Entscheidungen anzugeben. Dennoch gibt es eine gewisse Anzahl an Spielern, die über Jahre hinweg durch besonders herausragende Leistungen in bestimmten Bereichen auf sich aufmerksam machen konnten.

Abgesehen davon gibt es selbst bei professionellen Spielern nur eine geringe Zahl, die sich nicht auf eine bestimmte Spielvariante spezialisiert haben. International wurde oftmals der aus den Vereinigten Staaten stammende David „Chip" Reese als der beste Allrounder bezeichnet, was durch den Gewinn eines der renommiertesten Pokerturniere, der Poker Player's Championship, bei der fünf Pokervarianten im Wechsel gespielt werden, unterstrichen wurde.

Gemessen an Siegen bei der World Series of Poker ist der US-Amerikaner Phil Hellmuth der erfolgreichste Spieler. Von 1989 bis 2015 gewann er insgesamt vierzehn Turniere, womit er vor Doyle Brunson, Johnny Chan und Phil Ivey liegt, die jeweils zehn Turniersiege für sich verbuchen können. Allerdings hat Hellmuth nur zwei Siege außerhalb seiner Paradedisziplin Texas Hold'em gefeiert.

Der nach Turniereinnahmen erfolgreichste Spieler ist Justin Bonomo, der in seiner Karriere mehr als 40 Millionen Dollar verdient hat. Erfolgreichster deutscher Spieler ist Fedor Holz, der weltweit gesehen auf dem vierten Platz liegt. Eine große Bedeutung vor allem für Onlinepoker erlangte der US-Amerikaner Chris Moneymaker, der 39 Dollar bei PokerStars einzahlte und daraus beim Main Event der World Series of Poker 2003 2,5 Millionen Dollar machte. Diese Geschichte wird seitdem von PokerStars oft als Werbung genutzt und führte zu einem Pokerboom.

Künstliche Intelligenz

Es wurde als große Herausforderung angesehen, eine künstliche Intelligenz zu erstellen, die auch gegen professionelle Pokerspieler bestehen kann. Auf dem Gebiet des Schachspiels können heute selbst PC-Programme auf Standardhardware die allermeisten Spieler problemlos schlagen. Für die Computer begünstigend ist, dass Schach ein Spiel mit vollständiger Information ist, das heißt, beide Spiel-Parteien verfügen über alle Informationen über den Spielstand. Die Fähigkeit von Computern, Millionen von möglichen Zugkombinationen im Voraus zu berechnen und vorausschauend abrufen zu können, ist deshalb der menschlichen Fähigkeit zum abstrakten taktischen Denken meist überlegen.

Beim Poker kennt der Computer jedoch nur seine eigenen Karten. Er muss aus dem (keinen festen Regeln unterworfenen) Setzverhalten des Gegners die Stärke seines Blatts ableiten, Bluffs erkennen und selbst möglichst vorteilhaft setzen, ohne dabei berechenbar zu werden, da berechenbares Verhalten vom Gegner ausgenutzt werden kann. Aus diesen Gründen wurde Poker in letzter Zeit für Spieltheoretiker immer interessanter.

Der Poker-Spielbaum gilt als nicht berechenbar, da 10^{160} mögliche Entscheidungen kalkuliert werden müssten – mehr als Atome im Universum.

Im Juli 2006 traten im Rahmen der Jahreskonferenz der amerikanischen KI-Forscher in Boston die besten Pokercomputer gegeneinander an. Im Juli 2007 spielte das von einem Team der University of Alberta entwickelte Programm Polaris in Vancouver gegen die beiden Pokerprofis Ali Eslami und Phil Laak. Dabei wurden in vier Sitzungen insgesamt 1995 Hände $10/$20 Limit Texas Hold'em gespielt.

Um den Glücksfaktor zu vermindern, wurden jeweils zwei parallele Heads-Up-Matches mit umgekehrter Kartenverteilung gespielt. Die menschlichen Spieler gewannen knapp, sie erzielten ein Plus von 395$.

Im Juli 2008 gewann Polaris gegen die Pokerprofis Nick Grudzien, Kyle Hendon, Rich McRoberts, Victor Acosta, Mark Newhouse, IJay Palansky und Matt Hawrilenko unter den gleichen Bedingungen (allerdings mit $1000/$2000 Limit) nach sechs Sitzungen mit 3,5:2,5 (drei Siege, ein Unentschieden, zwei Niederlagen) und erzielte ein Plus von 195000$.

Anfang 2017 gelang es erstmals zwei Teams mit „DeepStack" und „Libratus" – zwei unterschiedlich konzipierte KI-Programme – im Spiel „Eins-gegen-Eins" gegen Profispieler zu gewinnen (in der turnierüblichen Variante Texas Hold'em Heads-Up No Limit, d. h. zwei Spieler mit je zwei verdeckten Handkarten):

Die auf Deep Learning basierende Künstliche Intelligenz „DeepStack" (University of Alberta, Universität Prag) spielte zunächst zehn Millionen Pokerpartien gegen sich selbst. Das neuronale Netz entwickelte eigenständig sowohl das Bluffen als auch eine Art von Intuition, so dass lediglich sieben Spielzüge voraus zu berechnen waren, um menschliche Spieler schlagen zu können. Im Dezember 2016 wurden in 3000 Partien 10 der 11 Profispieler deklassiert. Das Programm ist auf einem Laptop einsatzfähig und vergleichbar mit AlphaGo.

Die auf Counterfactual Regret Minimization basierende Künstliche Intelligenz „Libratus" (Carnegie Mellon University) ermittelt auf Basis eines stark beschnittenen Entscheidungsbaums den optimalen Spielzug. Es benötigt dazu einen Supercomputer; auch konnte das Programm nach jedem Spieltag manuell nachjustiert werden. Der im Vergleich beste Pokerprofi, d. h. mit dem geringsten Verlust gegen die KI, Dong Kim, beschrieb das Spiel gegen Libratus „als spiele man gegen jemand der betrüge, als ob es meine Karten sehen könne".

Videopoker

Videopoker kann in Casinos an speziellen Automaten, den einarmigen Banditen, gespielt werden. Das Spiel ähnelt der Variante Five Card Draw, mit den Unterschieden, dass schon vor dem Erhalten der ersten fünf Karten Geld gesetzt wird und dass die Karten nur einmal getauscht werden können.

Falls man am Ende mindestens ein Paar Buben hat, bekommt man von dem Automaten Geld ausbezahlt. Der Bankvorteil liegt je nach Automat bei etwas unter zwei Prozent. Die ersten Automaten wurden Mitte der 1970er-Jahre in den Casinos eingeführt, eine positive Resonanz unterstützte in der Folge eine weitere Ausbreitung. Heute sind auch im Handel kleine Geräte erhältlich, mit denen Videopoker gespielt werden kann.

Videospiele

Infolge des Pokerbooms erschienen in den letzten Jahren einige Computer- und Videospiele, in denen der Benutzer virtuell pokern kann. Besonders wichtig ist dabei die Qualität der künstlichen Intelligenz der Gegenspieler. Die bekannteste Serie, die auch in Europa veröffentlicht wurde, ist dabei die World Series of Poker-Serie von Activision.

Fernsehen

Seit einiger Zeit erleben Pokerübertragungen im Fernsehen einen Aufschwung, was zur Folge hat, dass immer mehr Turniere ausgetragen und auch in Deutschland ausgestrahlt werden. Da Turniere, die in der Variante No Limit Texas Hold'em gespielt werden, das größte Zielpublikum ansprechen, werden fast ausschließlich Formate in dieser Variante produziert.

Der Vorteil von Texas Hold'em ist, dass sie für Anfänger schnell zu erlernen und weniger komplex als andere Varianten ist. Eine andere Theorie besagt, dass Texas Hold'em seine Beliebtheit vor allem der Tatsache verdankt, dass der Glücksfaktor bei dieser Variante am geringsten ist.

Bei Fernsehübertragungen sieht der Zuschauer durch spezielle Kameras, die in den Tisch integriert sind, die Karten der Spieler. Dadurch können sie beobachten, wie professionelle Spieler ihre Blätter spielen und haben so die Möglichkeit, ihr eigenes Spiel zu verbessern. Außerdem wird oftmals eine Wahrscheinlichkeit eingeblendet, die angibt, wie hoch die Chance eines Spielers ist, dass dieser die aktuelle Hand gewinnt.

Dabei wird angenommen, dass alle Spieler ihre Hand bis zur letzten Karte halten. Daneben kommentiert ein Moderator die verschiedenen Spielzüge und das Setzverhalten so, dass die Aussage auch für Anfänger verständlich ist.

Im deutschen Fernsehen überträgt hauptsächlich Sport1 Pokerprogramme. Des Weiteren produzierte das Deutsche Sportfernsehen (im April 2010 in Sport1 umbenannt) eigene Formate, wie etwa die DSF Poker-Schule, Pokerstars.de Online Show oder DSF Poker-Champion. Außerdem veranstaltete der Sender ProSieben regelmäßig Pokernächte im Rahmen der Unterhaltungsshow TV total, bei denen fünf Prominente und ein Onlinequalifikant um ein Preisgeld von insgesamt 100.000€ spielten.

Spielfilme, Oper und Ballett

In vielen nordamerikanischen Spielfilmen und Fernsehserien veranstalten die Darsteller ein Pokerspiel. Das wird hauptsächlich deshalb gemacht, um das Klischee des Durchschnittsbürgers zu unterstreichen und die Handlung dabei weiterzutreiben.

Als Beispiele sind die Sitcoms King of Queens und Malcolm mittendrin, sowie die Fernsehserien Desperate Housewives und Raumschiff Enterprise: Das nächste Jahrhundert zu nennen. Dem entgegen stehen Spielfilme, bei denen das Pokerspiel ein zentrales Element des Handlungsstrangs darstellt. Beispiele hierfür wären Produktionen wie Rounders, Cincinnati Kid, Glück im Spiel, Maverick, Casino Royale oder Bube, Dame, König, Ass. Auch in Opern und im Ballett werden gelegentlich Pokerszenen gezeigt, in denen sich die Figuren an Stelle eines Kampfs waffenlos duellieren. So geschehen ist das im Ballett Jeu de Cartes von Igor Strawinski und in der Oper La fanciulla del West von Giacomo Puccini.

Sonstiges

Das Gerücht, Österreich hätte Poker als Geschicklichkeitsspiel eingestuft, ist nicht richtig und rührt wahrscheinlich daher, dass im Jahre 1995 der Verwaltungsgerichtshof einem Einspruch Recht gab, dass die Finanzbehörde zu beweisen hat, dass es sich bei Seven Card Stud um ein Glücksspiel handelt, nötigenfalls mit einem Sachverständigengutachten.

Der Verwaltungsgerichtshof der Republik Österreich hat 2005, aufgrund eines ebensolchen Gutachtens entschieden, dass Poker und seine Spielvarianten Seven Card Stud, Texas Hold'em und Five Card Draw Glücksspiele und somit keine Geschicklichkeitsspiele seien, da der Zufallscharakter überwiege.

Eng verwandt mit Poker ist das steirische Kartenspiel Einundvierzig, das zeitweise auch in einigen österreichischen Spielbanken angeboten wurde.

Poker wird heute in Italien als Bezeichnung für vier Tore eines Spielers in einem Fußballspiel benutzt.

Die bekannte Phrase „Ich will sehen" stammt aus dem Draw Poker und gibt an, dass ein Spieler sein Blatt für gut genug hält, um die Hand des Gegners zu schlagen.

Spielautomat

Ein Spielautomat ist ein ursprünglich mechanisch, später elektromechanisch und heute meist elektronisch funktionierendes, Screen-basiertes Gerät, das nach Münzeinwurf, Eingabe einer Banknote oder eines werthaltigen Tickets einen Spielverlauf startet, dessen Ergebnis durch Zufall und Spieler-Betätigungen bestimmt wird.

Motiv zum Spielen sind Unterhaltung und Hoffnung auf einen Gewinn. Kommerzielle Nutznießer des Automaten sind in der Regel der Betreiber sowie der Staat, der – sofern es sich um legal aufgestellte Geräte handelt – einen nicht unbeträchtlichen Teil des Gewinnes als Vergnügungs-, Umsatzsteuer bzw. Spielbankabgabe erhält.

Begriffsbedeutung

Mit dem Begriff Spielautomaten werden in Deutschland meist Geldspielgeräte im Sinne des § 33c der Gewerbeordnung (GewO) bezeichnet, wie sie in Gaststätten und Spielhallen aufgestellt werden dürfen. Allerdings wird die Begriffsbedeutung teilweise auch weiter gefasst:

- Einarmige Banditen oder Slotmachines, die mit heute weitgehend identischen Spielangeboten wie in Geldspielgeräten, aber mit deutlich höheren

Einsatzmöglichkeiten und Gewinnchancen in Spielcasinos betrieben werden.

- Unterhaltungsautomaten ohne Geldgewinnmöglichkeit wie Flipper- Automaten,
- Arcade-Automaten,
- mechanische Automaten
- Eine Kombination von Verkaufsautomat und Glücksspiel sind Greifautomaten.

In Spielbanken wird das Automatenspiel zur Abgrenzung von den Glücksspielen Roulette und Black Jack oft als kleines Spiel bezeichnet.

Geschichte

Der Name einarmiger Bandit kommt von dem englischen Ausdruck one-arm(ed) bandit und daher, dass der Automat nur einen Arm (Hebel) hat, aber dem Benutzer wie ein Dieb oder Betrüger die Taschen leert, entsprechend der Bedeutung von bandit in der Umgangssprache. In den USA werden diese Geräte auch slot machine (slot bezeichnet den Münzeinwurfschlitz), in Australien poker machine und in Großbritannien fruit machine (= Früchtemaschine, nach den Symbolen auf den Walzen) genannt. Der erste in Kalifornien aufgestellte Maschinentyp trug nach dem Symbol mit der Höchstgewinnmöglichkeit den Namen Liberty bell.

Der erste aller Geldspielautomaten war die Black Cat der Brüder Caille. Erbaut im Jahr 1889 hatte sie schon den typischen Seitenarm und erhielt als erste die Bezeichnung

„einarmiger Bandit". Besondere Bekanntheit erlangte das Gerät Liberty Bell des aus Schwaben nach Kalifornien ausgewanderten Maschinenbauers Charles August Fey, welches er 1899 in San Francisco erfand. Diese Slotmachine war die erste mit einem 3-Walzen-Spielsystem. Aufgrund der fehlenden Patentanmeldung dieser Erfindung geriet das System zum Allgemeingut der Glücksspielbranche. Vor der Etablierung dieses Systems produzierten viele Hersteller Stand-Slots, die nach dem Rouletteprinzip funktionierten und bei denen auf eine Farbe gesetzt werden musste, bevor man die Roulettescheibe meist mit einem Hebel in Bewegung versetzte.

Das Betätigen eines Hebels setzt Walzen mit Symbolen in Bewegung. Ziel ist es, dass die Walzen nach dem Stehenbleiben in bestimmten Positionen die gleichen Symbole anzeigen. Die in Deutschland nur in Casinos aufgestellten Automaten bieten teilweise sehr hohe Gewinne (Jackpotgewinne von mehreren Millionen Dollar bzw. Euro). Die traditionellen Geräte mit Walzen und Handhebel werden von modernen Maschinen mit Bildschirmen abgelöst, auf denen die Walzen nur simuliert werden. Diese Bildschirmgeräte haben den Vorteil, dem Spieler bei einigen Geräten die Auswahl zwischen mehreren Spielen oder Spieleinsätzen zu ermöglichen. Neueste Entwicklung sind Geräte, bei denen der Spieler den Wert eines Kredites (kleinste Einheit des Spieleinsatzes) selbst bestimmen kann (Fachbegriff: Multi-Denomination). Je nach Ausführung der Maschine können auch mehrere Gewinnlinien, – bis über 100 –, oder Kredite je Gewinnlinie gespielt werden. Der Wert pro Kredit kann vor allem in US-Casinos sehr hohe Werte erreichen, teilweise sogar bis $1000 pro Kredit. Die entsprechend möglichen Gewinne können dann große Höhen erreichen.

Schon in der ersten Dekade des 20. Jahrhunderts produzierte die Leipziger Firma Jentzsch & Meerz die ersten Geldspielautomaten in Deutschland. Das bekannteste Gerät war der Fingerschlagautomat Bajazzo. Wie ähnliche Geräte wurde der Bajazzo lange Zeit als Geschicklichkeitsspiel eingestuft und fiel somit nicht unter das Glücksspielverbot nach § 284 StGB. In den 1920er-Jahre wurden allein in Berlin über 10.000 solche Automaten betrieben. 1928 stufte das Reichsgericht den Bajazzoapparat in einem Urteil als Glücksspiel ein, wobei es die maßgeblichen Bewertungskriterien festlegte. In Folge wurde im Dezember 1933 mit einer Ergänzung der Gewerbeordnung die erste Rechtsgrundlage zum Betrieb von Geldspielautomaten geschaffen. Ein halbes Jahre später legte man mit einer Durchführungsverordnung die Prüfung und Zulassung von Spielautomaten in die Hände der Physikalisch-Technischen Reichsanstalt, die in einem Merkblatt technische Anforderungen formulierte, die in Bezug auf Chancengleichheit bis heute Bestand haben. Allerdings wurde mit einer weiteren Durchführungsverordnung bereits ein Jahr später die Aufstellung von Automaten, bei denen Geld oder Wertmarken gewonnen werden konnten, auf Jahrmärkte und Schützenfeste beschränkt, womit das Aufkommen bei den Verlosungen und Sammlungen von Winterhilfswerk und Nationalsozialistischer Volkswohlfahrt vermehrt werden sollte.

Technik

Auf Bildschirmgeräten können auch herkömmliche Kasinospiele wie Black Jack, Poker und Roulette aufgespielt werden. Viele einarmige Banditen verfügen über ein Jackpotsystem, bei dem ein vorher festgelegter Prozentsatz des Spieleinsatzes einem Jackpotzähler hinzugefügt wird. Auch können mehrere Geräte an ein gemeinsames Jackpotsystem angeschlossen sein. Dies kann innerhalb eines einzelnen Casinos der Fall sein (LAN Jackpot = local area network jackpot) oder über mehrere Casinos hinweg (WAN Jackpot = wide area network jackpot). In den USA ist dies fast ausschließlich auf Casinos innerhalb eines einzelnen Bundesstaates begrenzt, da die gesetzlichen Vorgaben für Casino-Automaten sich zwischen den Bundesstaaten sehr unterscheiden.

Die Auszahlung der Gewinne bei diesen Automaten geschieht entweder durch eingebaute Auszahleinheiten (meist mit sog. „Hoppern" zur Münzauszahlung oder durch sog. „Banknotenrecycler") oder durch Handauszahlung des Aufsichtspersonals. Mittlerweile ist diese Art der Auszahlung allerdings in Spielbanken fast vollständig verschwunden und durch ein „TiTo" (Ticket in, Ticket out) System ersetzt worden. Hierbei druckt das Gerät nach Drücken der Auszahltaste ein Ticket aus, auf dem der Gewinnbetrag aufgedruckt ist. Dieser Gutschein in der Größe eines US-Dollars kann anschließend statt einer Banknote für das Spiel an einem anderen Gerät (innerhalb des gleichen Casinos) verwendet werden, oder an einem Rückwechselautomat in Bargeld getauscht werden.

Handauszahlungen sind in amerikanischen Casinos nur noch bei Gewinnen über $1199,- erforderlich, da ein höherer Gewinn steuerpflichtig ist. Im Jahr 1990 wurden die ersten Online-Casinos veröffentlicht und bieten seitdem auch Online-Spielautomaten an.

Spieldesign und Statistik

Obwohl programmgesteuerte Spielautomaten, die heute fast ausnahmslos Bildschirm-basiert realisiert werden, sehr komplexe Spielabläufe aufweisen können, folgen die meisten Spielautomaten in den Grundzügen ihren elektromechanischen Vorbildern: Ein Spiel umfasst den Lauf von 3 bis 6, Walzen, die jeweils pro Halteposition mit einem Symbol versehen sind.

Dabei werden, bedingt durch die Größe eines Sichtfensters, bei jeder Walze jeweils die Symbole zu einer bestimmten Anzahl von Haltepositionen angezeigt. Sehr verbreitet sind Spielabläufe mit 5 Walzen, bei denen jeweils 3 Symbole, d. h. die Symbole von 3 Haltepositionen, zu sehen sind. Meist führen drei oder mehr übereinstimmende Symbole zu einem Gewinn, sofern sie am linken Rand beginnend und ununterbrochen auf geraden oder anderweitig suggestiv erscheinenden Linien liegen.

Spielautomaten, die einschlägigen technischen Normen wie GLI-11 der Gaming Laboratories International LLC folgen, lassen sich auf Basis der sogenannten PAR Sheets (Probability Account Reports) mathematisch mit Methoden der Wahrscheinlichkeitsrechnung vollständig berechnen. Dazu müssen die Wahrscheinlichkeiten der möglichen Gewinnkombinationen aus den Symbolbelegungen der einzelnen Walzen mit Methoden der Kombinatorik berechnet werden. Anschließend kann der relativ auf den Einsatz bezogene Erwartungswert der Gewinne (Auszahlquote, auch RTP für return to player) berechnet werden; ebenso die Volatilität, und zwar bei stochastisch unabhängigen Spielverläufen in Form der Standardabweichung.

Die Bestimmung der Haltepositionen der Walzen erfolgt innerhalb des Spielverlaufs zufällig, wobei die erwähnte Norm GLI-11 fordert, dass die Haltepositionen gleichverteilt sind und ein Zufallsergebnis keine Auswirkung auf zukünftige Zufallsentscheidungen haben darf. Programmtechnisch werden Pseudozufallsgeneratoren verwendet, deren Ergebnisse im Rahmen eines statistischen Tests qualitativ nicht von den Ergebnissen eines klassischen Zufallsprozesses auf Basis eines Würfels oder eines Roulette-Kessels unterschieden werden können.

Rechtliche Grundlagen auf Bundesebene

Zum Verbraucherschutz und zur Eindämmung des pathologischen Spiels (Spielabhängigkeit oder Spielsucht) unterliegen Geldspielgeräte und deren Aufstellung umfangreichen gesetzlichen Vorschriften, die in der Gewerbeordnung, der Spielverordnung, dem

Jugendschutzgesetz sowie in Ländergesetzen geregelt sind.

Die aktuelle Fassung der Spielverordnung ist am 13. Dezember 2014 in Kraft getreten. Mit dieser Novelle wurden einige Details einer umfassenden Reform durch die vorangegangene, Sechste Novelle korrigiert, die einen Monat zuvor in Kraft getreten war.

Ziel der Sechsten Novellierung war die Verbesserung des Jugend- und Spielerschutzes bei Geldspielgeräten, insbesondere durch eine Begrenzung der Spielanreize und Verlustmöglichkeiten, wozu konkret insbesondere die Limits für den maximal möglichen Verlust und Gewinn pro Stunde abgesenkt wurden. Insgesamt ergeben sich daher im Wesentlichen die folgenden Anforderungen für Geldspielgeräte und ihre Aufstellung:

- Eine Aufstellung von Geldspielgeräten ist nur Spielhallen und Gaststätten (sowie Wettannahmestellen der konzessionierten Pferderenn-Buchmacher nach § 2 des Rennwett- und Lotteriegesetzes) erlaubt, wobei die Maximalanzahl 12 pro Spielhalle bzw. 3 (2 ab 10. November 2019) pro sonstigem Aufstellort beträgt (§ 3 Abs. 1 u. 2 SpielV). Der Aufstellungsort bedarf einer Geeignetheitsbestätigung.
- In Spielhallen ist ein Alkoholausschank nicht erlaubt (§ 3 Abs. 3 SpielV).
- Jugendlichen unter 18 Jahren ist ein Spielen an Automaten untersagt (§ 6 Abs. 2 JuSchG). Für

Spielhallen besteht darüber hinaus ein Zutrittsverbot (§ 6 Abs. 1 JuSchG).

- Geregelt sind Höchstgewinn, -einsatz und das minimale Zeitintervall dazwischen (Dauer eines „Spiels"): Der zulässige Bereich bewegt sich von 0,20 € Einsatz und 2 € Gewinn bei 5 Sekunden (§ 13 Nr. 2 SpielV) bis hin zu 2,30 € Einsatz und 23,00 € Gewinn bei 75 Sekunden Abstand zwischen zwei Einsatzleistungen bzw. zwischen zwei Gewinnauszahlungen (§ 13 Nr. 3 SpielV).
- Der Verlust pro Stunde, d. h. der die Gewinne übersteigende Einsatz, ist begrenzt auf höchstens 60 € (§ 13 Nr. 4 SpielV).
- Der Gewinn pro Stunde darf nach Abzug der Einsätze nicht höher sein als 400 € (§ 13 Nr. 5 SpielV).
- Der durchschnittliche Verlust pro Stunde ist begrenzt auf höchstens 20 € (§ 12 Abs. 1 Nr. 1 SpielV).
- Die Obergrenzen für Einsatz, Gewinn und Verlust pro Zeiteinheit werden durch eine Kontrolleinrichtung gewährleistet (§ 13 Nr. 9 SpielV).
- Die die Automaten betreffenden Parameter werden durch die Physikalisch-Technische Bundesanstalt (PTB) im Rahmen einer Bauartzulassung (§ 11 Abs. 1) auf Basis einer Technischen Richtlinie geprüft (§ 12 Abs. 4).
- Geldspielgeräte dürfen maximal vier Jahre betrieben werden (§ 16 Abs. 1 Nr. 7 SpielV), wobei der Betrieb von mindestens zwei Jahre alten Spielgeräten nur dann statthaft ist, wenn eine

Überprüfung durch einen vereidigten und öffentlich bestellten Sachverständigen oder eine von der PTB dafür zugelassenen Stelle, wie derzeit z. B. dem TÜV Rheinland, maximal zwei Jahre zurückliegt (§ 7 SpielV).

Weitere Regelungen betreffen technische Maßnahmen gegen die gleichzeitige Bespielung von mehreren Spielautomaten durch eine Person, nämlich:

- das Verbot einer Einsatzautomatik (§ 13 Nr. 7 SpielV) und
- die Möglichkeit des Spielbetriebs nur mit einem gerätegebundenen, personenungebundenen Identifikationsmittel (§ 13 Nr. 10 SpielV), das erst nach einer Prüfung der Spielberechtigung ausgehändigt wird (§ 13 Nr. 6 Abs. 5 SpielV),
- Sicherungen gegen Veränderung und Manipulation eines Spielautomaten (§ 13 Nr. 11 SpielV) und der in ihm gespeicherten, mit dem Zeitpunkt ihrer Entstehung verknüpften Buchungsdaten (§ 13 Nr. 9a SpielV) sowie
- das so genannte Punktespiel. Die das Punktespiel betreffenden Anforderungen (§ 13 Nr. 1 SpielV) gehen im Wesentlichen auf den Maßgabebeschluss des Bundesrats zurück. Ihre widersprüchliche Formulierung waren der Grund für die Bundesregierung in ihrer Funktion als Verordnungsgeber, die Verordnung aufgrund befürchteter Vollzugsprobleme erst nach über 16

Monaten und einer erneuten Notifizierung bei der Europäischen Kommission in Kraft zu setzen.

- Details der Bauartzulassung werden in einer durch die EU notifizierten Technischen Richtlinie der PTB geregelt (ermächtigt durch § 12 Abs. 4 SpielV) .

Mit den im November 2014 in Kraft getretenen Absenkungen von Gewinn- und Verlustmöglichkeiten bekräftigte die Bundesregierung ihr bereits mit der Novelle aus dem Jahr 2006 verfolgtes Ziel, „eine klare Grenze zwischen den gewinn- und verlustmäßig unbeschränkten staatlich konzessionierten Spielangeboten, insbesondere bei den dort verwandten Spielautomaten (Slotmachines), und dem gewerblichen ‚kleinen' Spiel" zu ziehen. So gibt es in Spielcasinos Slotmachines, bei denen pro 3-Sekunden-Spiel Einsätze von 500€ und Gewinne von 50.000€ möglich sind. Verluste in Höhe von 40.000€ von einem Spieler an einem Abend an Slot Machines eines Spielcasinos sind dokumentiert.

Rechtliche Grundlagen auf Länderebene

Über die Spielverordnung hinaus wurden ab 2011 auf Länderebene inhaltlich unterschiedliche Spielhallen- und Ausführungsgesetze zum Glücksspieländerungsstaatsvertrag (GlüÄndStV) beschlossen. Diese Gesetze beinhalten zusätzliche Anforderungen an die Aufstellung von Spielautomaten in Spielhallen wie zum Beispiel das Verbot der Abgabe von Speisen und Getränken, Sperrstunden, Verpflichtung zu Einlasskontrolle und

Sperrsystem, ein Verbot von Außenwerbung und Mindestabstände zu anderen Spielhallen sowie Einrichtungen, die vorwiegend von Kindern und Jugendlichen besucht werden. Bezogen auf Städte mit mehr als 10.000 Einwohnern werden nach einer Prognose aus dem Jahr 2014 aufgrund der Mindestabstände nach Ablauf der Übergangsregelungen 77 % der Spielhallen und 87 % der dort aufgestellten Geldspielgeräte nicht mehr betrieben werden können. Im Fall des Bundeslandes Berlin, bei dem die Reduktion bereits 2016 begonnen wurde, sind mehr als die Hälfte der Spielhallen von einer Schließung betroffen. In Niedersachsen wurden bis zu einem gegenläufigen Gerichtsbeschluss die Schließungen von Spielhallen zum Teil auf der Basis eines Losentscheids verfügt, so beispielsweise in Osnabrück, wo 52 von 87 Spielhallen schließen sollen. Einige Bundesländer haben im Rahmen von Übergangsregelungen längere Fristen für Bestandsspielhallen gesetzt. So wird in Rheinland-Pfalz erst zum 1. Juli 2021 die Genehmigung von 342 Spielhallen erlöschen, was beispielsweise im Fall der Stadt Trier 32 der 34 bisherigen Spielhallen betrifft.

Verbreitung

Die Gesamtzahl der in Deutschland aufgestellten Geldspielgeräte betrug 2018 insgesamt 240.000 Geräte. In den 23 Jahren zuvor bewegte sich die Zahl zwischen 183.000 (im Jahr 2005) und 269.000 (im Jahr 2014). In diesen Zahlen nicht berücksichtigt sind die 64.000 (1995) beziehungsweise 82.000 (2005) Spielautomaten, die seit

2006 aufgrund des damals eingefügten § 6a SpielV nicht mehr betrieben werden dürfen, weil sie zwar nicht die Möglichkeit eines Geldgewinnes, wohl aber die Möglichkeit des Gewinns von mehr als sechs Freispielen boten.

Besteuerung

Die Einnahmen aus Geldspielgeräten unterliegen außer den üblichen Steuern (Umsatzsteuer und Ertragssteuer) außerhalb von Bayern der (kommunalen) Vergnügungssteuer. Zum Zweck von deren Erhebung müssen sämtliche Einsätze, Gewinne und Kasseninhalte zeitgerecht, unmittelbar und auslesbar erfasst werden. Das Aufkommen an Vergnügungssteuer für Spielautomaten stieg in den letzten Jahren von 190 Mill. € (2006) auf 1.071 Mill. € (2018).

Die heute in Deutschland am häufigsten anzutreffenden Geldspielgeräte sind Produkte der Gauselmann-Gruppe oder von Novomatic. Ein weiterer Hersteller ist Bally Wulff (Schmidt-Gruppe).

Glücksspielautomaten wird wegen der schnellen Abfolge von Spielen, der Interaktion des Spielers während des Spiels und der Auszahlung von Zwischengewinnen eine besonders hohe Suchtgefahr zugeschrieben.

Online Spielautomaten

Ein Online-Spielautomat ist eine für Computeranwendungen adaptierte Software-Version eines Spielautomaten. Die ersten Spielautomaten wurden wie oben erwähnt im Jahr 1889 von Charles Frey erstellt.

Viele reale Spielautomaten, angefangen von klassischen Spielautomaten mit Walzen oder Rollen über Fruchtmaschinen bis zu Slots, wie sie in Casinos, Spielhallen, Spielbanken und Gaststätten zu finden sind, werden auch im Internet als Onlineversionen angeboten. Die Mehrzahl wird kostenpflichtig angeboten, meist in Online Casinos, also in Internetportalen, wo man auch klassische Casinospiele Roulette, Craps und Blackjack spielen kann. Einige Online-Casinos bieten mehr als 50 verschiedene derartiger virtueller Spielautomaten an.

1997 brachte Microgaming das erste Online-Spiel auf den Markt. Es hieß „Fantastic Sevens", und war, wie viele Spielautomaten, mit einer Gewinnlinie und drei Rollen ausgestattet. Cash Splash, das im Jahr 2002 herausgebracht wurde, war einer der ersten Online-Spielautomaten, der eine größere Anzahl an Walzen und Gewinnlinien hatte.

Auch andere Online Casino-Entwickler wurden kreativer: 2004 wurde das erste Online-Spielautomaten Spiel einer

Brandmarke veröffentlicht. Basierend auf dem populären Videospiel, wurde Tomb Raider sofort ein Erfolg in der Welt der Online-Glücksspiele, woraufhin Entwickler ihre Spiele auch auf andere Charaktere wie X-Men und Hulk basierten.

Mittlerweile gibt es auch interaktive Spielautomaten wie der Rival I-Slot, die ein interaktives Abenteuer erlebbar machen oder Rollenspiel-Spielautomaten, die es dem Spieler erlauben, in die Rolle verschiedener Charaktere zu schlüpfen. Die Betreiber möchten auch technologische Neuerungen nutzen. Zum Beispiel eröffnen die Touchscreens und die Rechenleistung von Smartphones und Tablet PCs neue Spielmöglichkeiten.

Viele Spieler äußerten Zweifel an der Fairness Casino-Spiele online zu spielen und sind beunruhigt, dass ihre Integrität, durch die Tatsache, dass die Computer-Software die Randomisierung steuert, gefährdet sei. Während sich der Betrieb von Online-Spielen wie Poker und Craps erheblich von ihren traditionellen Versionen unterscheiden, arbeiten Online-Spielautomaten in der gleichen Weise wie herkömmliche Spielautomaten.

Heutzutage werden Spielautomaten in Festland-Casinos als Video-Spielautomaten bezeichnet. Diese Spiele haben keine beweglichen Teile und repräsentieren Grafiken, die sich auf der Spule drehen. Als solches ist das Spiel komplett computerbasiert und softwaregesteuert.

Die Software, auf der auch Online-Spielautomaten laufen, ist vergleichbar mit jener realer Spielautomaten. Diese haben längst keine beweglichen Teile mehr, sondern repräsentieren Grafiken, die sich auf der Spule drehen. Als solches ist das Spiel komplett auf dem Computer basiert und wird durch ein Softwaresystem gesteuert. Beide Systeme verwenden Zufallszahlengeneratoren, um den Ausgang jeder Runde zu bestimmen. Der Generator nutzt Algorithmen, die von Mathematikern entwickelt wurden, um Zahlen zu bilden, die mit unterschiedlichen Kombinationen korrespondieren.

Gesetzgebung zum Online-Glücksspiel

In Deutschland gilt der Glücksspielstaatsvertrag, der am 1. Januar 2008 in Kraft getreten ist. Online-Casinos müssen sich regelmäßig einer Rechnungsprüfung unterziehen, in der die Unvorhersehbarkeit deren Zufallsgenerators untersucht wird. Auch die EU-Ebene befasst sich mit Online-Glücksspiel. Im März 2011 stellte die Europäische Kommission das Grünbuch vor, welches einen Konsultationsprozess zur künftigen Regulierung des Online-Glücksspiel-Marktes in der EU einleitete.

Würfelspiel

Ein Würfelspiel ist ein Glücksspiel, das im Wesentlichen daraus besteht, dass mit einem oder mehreren Spielwürfeln ein bestimmtes Ergebnis erzielt werden muss. Bisweilen sind kombinatorische Fähigkeiten seitens des oder der Spieler erforderlich.

Viele Würfelspiele eignen sich als Anwendung der Wahrscheinlichkeitsrechnung. Am weitesten verbreitet sind sechsseitige Würfel, wobei auf jeder Seite der Zahlenwert in Form von Augen (engl. Pips) dargestellt ist. Es gibt weiterhin Würfel mit anderen Anzahlen von Seiten (4 bis 40 Seiten und mehr), die in erster Linie in Rollenspielen verwendet werden.

Geschichte des Würfelspiels

Platon schreibt die Erfindung des Würfelspiels dem ägyptischen Gott Thot zu. Laut dem Geschichtsschreiber Pausanias gilt der griechische Krieger Palamedes als Ideengeber. Herodot hingegen nennt die Lyder als Erfinder des Würfelspiels.

Im Alten Ägypten, im Orient, in Indien und in Griechenland war das Spiel mit Würfeln schon früh bekannt. Im Alten Ägypten gab es unter anderem pyramidenförmige Würfel.

In der römischen Antike waren Würfelspiele in allen Schichten verbreitet, obwohl es nur an den Saturnalien offiziell erlaubt war, um Einsatz zu spielen.

Von der Würfelleidenschaft der Germanen berichtet Tacitus in seiner Germania. Nach Tacitus spielten sie in nüchternem Zustand mit äußerstem Leichtsinn um Haus und Hof, zuletzt gar um die eigene Freiheit.

Der Zeitvertreib mit Suchtgefahr wurde auch im Mittelalter oft verboten, etwa im Jahr 1396 in Mailand. Ein Zuwiderhandelnder musste hier mit 200 Lire Bußgeld rechnen und sich danach mindestens 100 Meilen von der Stadt entfernen.

In englischen Spielsälen gab es um das Jahr 1800 menschliche Würfelschlucker, deren Aufgabe es war, bei Razzien alle Würfel rasch hinunterzuschlingen. Würfelspiel war verboten.

Spielwürfel heißen arabisch az-zahr, davon leitet sich die Bezeichnung Hasard-Spiel ab, das Würfelspiel galt somit als das Glücksspiel schlechthin, im engeren Sinne bezeichnet Hazard ein bestimmtes, früher überaus beliebtes Würfelspiel.

Spiele mit Pokerwürfeln

Pokerwürfel entstanden um 1880 in den USA (es existiert ein Patent aus dem Jahre 1881). Pokerwürfel zeigen an den sechs Flächen die folgenden sechs Kartensymbole: Ass, König, Dame, Bube, Zehn und Neun. Das Ass liegt der Neun, der König der Zehn und die Dame dem Buben gegenüber.

Gezinkte Würfel

Weil beim Würfelspiel Gewinne erzielt werden können, versuchten in der Vergangenheit Betrüger mit gezinkten Würfeln zu spielen. Bei ordnungsgemäßen, sechsseitigen Würfeln wird jede Zahl mit der gleichen Wahrscheinlichkeit, nämlich 1/6 getroffen. Gezinkte Würfel enthalten kleine Einlagen aus Blei, damit z. B. ein Würfel bevorzugt eine Sechs zeigt, ist auf der Seite der Eins ein kleines Bleistück eingelassen.

Moderne Präzisionswürfel sind daher transparent, zumeist aus Celluloseacetat und werden mit der Toleranz von 1/1000 Zoll, also 0,025 mm, mittels Laser-Technik gefertigt.

Aber schon in der Antike wurden entsprechende Gegenmaßnahmen ergriffen: Um zu verhindern, dass ein Spieler gezinkte Würfel ins Spiel bringt, wurden die Würfel in einen kleinen Käfig eingeschlossen. Dies ist auch heute noch beim Casino-Spiel Sic Bo der Fall, Würfelboxen sind aber auch sehr praktisch für das Spiel unterwegs.

Bereits in der Antike bilden gezinkte Würfel nach Ineichen die frühsten Belege für ein stochastisches Verständnis, auch wenn erst über tausend Jahren später die ersten quantitativen Erwägungen über Gewinnchancen von Glücksspielen folgten.

Häufig waren Würfel jedoch sehr einfach gefälscht, so gibt es antike Exemplare mit zwei Sechsen und fehlender Eins – da man nie die beiden gegenüberliegenden Seiten zugleich sehen kann, bleibt dieser Betrug leicht unentdeckt.

Unsymmetrische Würfel

Als didaktisches Material, das im Stochastikunterricht empirische Versuche ermöglicht, wurden Spielquader mit ungleich langen Seiten vorgeschlagen, sogenannte Riemer-Würfel oder auch Riemer-Quader. Dem gleichen Zweck dienen auch Lego-Steine.

Würfelbecher

Abgesehen vom Craps – bei diesem Spiel ist es üblich, mit der Hand zu würfeln, allerdings müssen sie gegen eine Wand geworfen werden und zurückspringen – ist es ein ungeschriebenes Gesetz, dass die Würfel in einem Würfelbecher geschüttelt werden sollen. Die etwas aufwändigeren Würfelbecher besitzen innen sogenannte Lippen, damit die Würfel beim Herausrollen in jedem Fall springen.

Würfelturm

Ein anderes Hilfsmittel zur Sicherstellung, dass die Würfel zufällig fallen und nicht von Hand kunstfertig gelegt werden, ist die römische turricula, der Würfelturm oder engl. Baffle box.

Pathologisches Spielen

Pathologisches Spielen oder zwanghaftes Spielen, umgangssprachlich auch als Spielsucht bezeichnet, wird durch die Unfähigkeit eines Betroffenen gekennzeichnet, dem Impuls zum Glücksspiel oder Wetten zu widerstehen, auch wenn dies gravierende Folgen im persönlichen, familiären oder beruflichen Umfeld nach sich zu ziehen droht oder diese schon nach sich gezogen hat. Männer sind davon häufiger betroffen als Frauen. In Deutschland gibt es zwischen 100.000 und 290.000 Betroffene.

Pathologisches Spielen wird in der ICD-10-Klassifikation (zusammen mit Trichotillomanie, Kleptomanie und Pyromanie aber ohne Wetten) unter die Abnormen Gewohnheiten und Störungen der Impulskontrolle eingeordnet. Nicht dazu gezählt wird das exzessive Spielen während manischer Episoden.

Im englischen Sprachbereich bzw. DSM-IV wurde von „pathological" oder „compulsive gambling" bzw. oft auch „problem gambling" gesprochen. 2013 wurde im DSM-5 eine Reklassifikation des Störungsbildes unter Verwendung des wertneutraleren Begriffes „Gambling Disorder" (Glücksspielstörung) in die Kategorie „Substance-Related and Addictive Disorders" vorgenommen.

Dieser Schritt stellt einen Paradigmenwechsel dar, da stoffgebundene und stoffungebundene Suchterkrankungen nunmehr nosologisch gleichberechtigt nebeneinander stehen. Verschiedene Hinweise wie Übereinstimmungen in der Symptomatik, hohe Komorbiditätsraten in epidemiologischen und klinischen Studien, gemeinsame genetische Vulnerabilitäten, ähnliche biologische Marker und kognitive Beeinträchtigungen sowie in großen Teilen überlappende therapeutische Settings sprechen dafür, dass das pathologische Spielverhalten den Suchtkrankheiten zuzuordnen ist.

Symptome

Häufiges oder auch episodenhaft wiederholtes Spielen ist mit einer ausgesprochenen gedanklichen Beschäftigung bezüglich „erfolgversprechender" Spieltechniken oder Möglichkeiten zur Geldbeschaffung – das erforderliche „Anfangskapital" – verbunden. Versuche, dem Spieldrang zu widerstehen, scheitern wiederholt, das Spielen selbst wird vor anderen (Familienangehörigen wie Therapeuten) verheimlicht, was oft zu schwerwiegenden finanziellen Konsequenzen führt, letztlich jedoch oft zum Zerbrechen von Beziehungen, auch, weil sich der Betroffene immer wieder darauf verlässt, andere (Familienangehörige, Freunde, alte Bekannte) würden ihm die notwendigen

Mittel „ein letztes Mal" beschaffen oder die entstandenen Schulden begleichen.

Das Spielen selbst dient dazu, Probleme oder negative Stimmungen (Ängsten, Depressionen, Schuldgefühlen) zu mindern. Immer höhere Beträge werden eingesetzt, um Spannung und Erregung aufrechtzuerhalten.

Stufen einer Spielerkarriere

Eine Spielerkarriere gliedert sich idealtypisch in drei Abschnitte, die als Gewinn-, Verlust- und Verzweiflungsphase bezeichnet werden.

1. Gewinnphase
2. Gelegentliches Spielen
3. Positive Empfindungen vor und während des Spiels
4. Unrealistischer Optimismus
5. Entwicklung von Wunschgedanken
6. Setzen immer größerer Beträge
7. Verlust der Realität
8. Verlustphase
9. Bagatellisierung der Verluste
10. Prahlerei mit Gewinnen
11. Entwicklung der Illusion, Verluste seien durch Gewinne abgedeckt
12. Häufigeres Spiel alleine

13. Häufigeres Denken an das Spiel
14. Erste größere Verluste
15. Verheimlichung von Verlusten und Lügen über Verluste
16. Vernachlässigung von Familie und Freunden
17. Beschäftigung mit dem Spiel während der Arbeitszeit
18. Aufnahme von Schulden und Krediten
19. Unfähigkeit, dem Spiel zu widerstehen
20. Verlust von Familie und Freunden
21. Verzweiflungsphase
22. Gesetzliche und ungesetzliche Geldbeschaffungsaktionen
23. Unpünktlichkeit bei der Schuldenrückzahlung
24. Veränderungen der Persönlichkeitsstruktur: Reizbarkeit, Irritationen, Ruhelosigkeit, Schlafstörungen
25. Völliger gesellschaftlicher Rückzug
26. Vollständige Entfremdung von Familie und Freunden
27. Verlust der gesellschaftlichen Stellung und des Ansehens
28. Ausschließliche Verwendung von Zeit und Geld für das Spiel
29. Wiederholtes tagelanges Spielen
30. Gewissensbisse und Panikreaktionen
31. Hass gegenüber anderen (vor allem gewinnenden) Spielern

32. Hoffnungslosigkeit, Selbstmordgedanken bzw. -versuch

Neuere Forschungsbefunde auf der Grundlage von Längsschnittdaten zeigen allerdings, dass es auch episodische, kurvenförmige und anfallsartige Entwicklungsverläufe von Spielerkarrieren gibt.

Behandlung

Die Therapie erfordert sowohl psychotherapeutische (multimodale Psychotherapie) Maßnahmen wie auch Hilfestellungen zur Schuldenregulierung. Empfehlenswert ist die Teilnahme an einer Selbsthilfegruppe, z. B. an der der Anonymen Spieler.

Das Zentralinstitut für Seelische Gesundheit (ZI) in Mannheim eröffnete im Januar 2009 eine Ambulanz für Spielsüchtige. Diese wird finanziert durch das baden-württembergische Ministerium für Arbeit und Soziales. In Österreich finden Betroffene und Angehörige bei der Spielsuchthilfe Wien allumfassende Hilfestellungen.

In einer aktuellen Studie konnten mit dem Medikament Naltrexon 40 Prozent der Teilnehmer wenigstens einen Monat auf das Spielen verzichten, in der Placebogruppe waren es hingegen nur knappe elf Prozent.

Verbreitung

Die Gesamtzahl der pathologischen Spieler in Deutschland wurde in insgesamt elf Erhebungen ermittelt, von denen sechs durch die Bundeszentrale für gesundheitliche Aufklärung (BZgA) veranlasst wurden: 100.000 (BZgA 2007), 103.000, 242.000 (BZgA 2009), 290.000, 159.000 und 193.000, was Prävalenz-Raten von 0,19 % bis 0,56 % in den untersuchten Altersklassen (14, 16 bzw. 18 bis 64 bzw. 65 Jahre) entspricht. Ab 2011 wurden in vier Studien Prävalenz-Raten von 0,23 % (TNS-Emnid), 0,49 % (BZgA 2011), 0,82 % (BZgA 2013), 0,37 % (entsprechend 215.000 pathologischen Spielern, BZgA 2015) bzw. 0,31 % (entsprechend 180.000 pathologischen Spielern, BZgA 2017) ermittelt.

Der 2013 von der BZgA ermittelte Prävalenz-Anstieg beruht auf einem gegenüber den vorangegangenen Studien veränderten Verfahren der Stichprobenauswahl, das nun auch Teilnehmer ohne Festnetzanschluss berücksichtigt. Für die vormals praktizierte Stichprobenauswahl hätte die Prävalenz 0,38 % betragen. 2015 ergab sich trotz Beibehaltung des 2013 angewandten Stichprobenverfahrens ein Wert auf dem Niveau der Vorjahre.

Eine Verteilung auf die verschiedenen Glücksspielformen wird in der Studie angegeben, die der zweitgenannten Zahl zugrunde liegt. Danach verteilen sich die 103.000

pathologischen Spieler „zu gleichen Teilen auf Sportwetten, Casinospiele und Geldspielgeräte in Spielhallen (je etwa 25-30.000) sowie mit weitem Abstand auf Lottospiele (etwa 12.000)". Damit sind im Vergleich zu ihren durch die Bruttoerträge gemessenen Marktanteilen pathologische Spieler bei Online-Spielen (Online-Sportwetten, Kartenspiele) 5,5-fach und bei Spielbanken-Angeboten 2,2-fach überrepräsentiert, während sie bei Lotto und Geldspielgeräten mit dem Faktor 0,3 beziehungsweise 0,8 unterrepräsentiert sind. Gemäß der BZgA-Studie von 2015 spielten von den mindestens problematischen Spielern 43 % „6 aus 49", 41 % sonstige Lotterien (insbes. Rubbellose), 38 % private Glücksspiele, 28 % Sportwetten, 24 % gewerbliche Spielautomaten und 18 % Spielbank-Angebote. Gemäß den Ergebnissen der BZgA-Studie von 2017 spielten von den mindestens problematischen Spielern 45 % „6 aus 49", 36 % sonstige Lotterien (insbes. Rubbellose), 33 % gewerbliche Spielautomaten, 31 % private Glücksspiele und 23 % Sportwetten.

Eine Aufteilung der Aufwendungen pathologischer Spieler macht die TNS-Emnid-Studie: 20,7 % für Pokern (gespielt wird Poker laut Studie „überdurchschnittlich stark" im Internet, das heißt auf Seiten von nichtdeutschen Online-Casinos), 16,2 % für Spielbank-Angebote (ohne Pokern), 15,4 % für Geldspielgeräte in Spielhallen und Gaststätten, 13,5 % für Lotto und Lotterien. Dabei nimmt ein pathologischer

Spieler an durchschnittlich fünf verschiedenen Spielformen teil, ein durchschnittlicher Glücksspieler jedoch nur an zwei.

Angaben über die Höhe der Spieleinsätze pathologischer Glücksspieler macht die Studie, die der viertgenannten Zahl (290.000) zugrunde liegt. Demnach setzt ein pathologischer Spieler monatlich durchschnittlich insgesamt 121,40 € für Glücksspiele ein, während es bei einem Spieler ohne oder mit geringen Spielproblemen nur 31,40 € sind.

In Deutschland steht pathologisches Spielen seit Beginn der 1980er-Jahre im Fokus wissenschaftlicher Untersuchungen und des öffentlichen Interesses. Mit Inkrafttreten des Glücksspielstaatsvertrages sind seit 2008 die Bedingungen für die Erforschung und Therapie des pathologischen Spielens deutlich verbessert worden.

Zwei Studien, die 2009 bis 2011 in Österreich durchgeführt wurden, ergaben für pathologische Spieler Prävalenz-Raten von 0,66 % beziehungsweise 0,71 %.

Laut einer im April 2009 durchgeführten Studie der Eidgenössischen Spielbankenkommission beträgt der Anteil der pathologischen Glücksspieler in der Schweiz 0,5 %. Erläuternd wird im Bericht angemerkt, dass „trotz Veränderung der Angebote (Eröffnung von 19 Casinos,

Entwicklung im Internetbereich, Verschwinden der Geldspielautomaten in Bars und Restaurants etc.)" im Zeitraum von 2002 bis 2007 die regelmäßige Nutzung von Glücksspielen sich nur unwesentlich verändert habe.

In Finnland, wo das staatliche Glücksspielmonopol sämtliche, auch z. B. in Gaststätten aufgestellte Spielautomaten umfasst, betrug 2008 der Anteil pathologischer Spieler in den Altersklassen von 15 bis 74 Jahren 2 % (2006 und 2007 waren es sogar 3 %).

Gesetze zum Schutz

Der Schutz der Spieler wird durch einen Staatsvertrag zum Glücksspielwesen in Deutschland (Glücksspielstaatsvertrag – GlüStV) geregelt, den die Bundesländer geschlossen haben und der am 1. Januar 2008 in Kraft getreten ist. Der Staatsvertrag folgt den Vorgaben des Bundesverfassungsgerichtes. Demnach ist das staatliche Glücksspielmonopol nur durch eine konsequente und glaubhafte Erfüllung der staatlichen Suchtprävention zu rechtfertigen.

Für den Bereich der gewerblich aufgestellten Spielautomaten wird der Spielerschutz durch die Bestimmungen der Gewerbeordnung, der Spielverordnung und der unterschiedlichen Spielhallen- und Ausführungsgesetze zum

Glücksspieländerungsstaatsvertrag   (GlüÄndStV)
reglementiert.

Folgen und Komplikationen

Der Spielsüchtige beschäftigt sich oft mit Glücksspiel und mit "verbesserten" Spieltechniken. Es wird versucht, Geld für das Spielen zu beschaffen, wobei es zu Diebstählen, Überschuldung und Betrug kommen kann. In extremen Fällen werden Beruf und Familie vernachlässigt, weil das Glücksspiel den Alltag bestimmt.

Im Strafverfahren kann das Vorliegen einer solchen Verhaltenssucht – im Hinblick auf die Schuldfähigkeit – dann beachtlich sein, wenn die begangenen Straftaten der Fortsetzung des Spielens dienen. In jüngster Zeit hat der Bundesgerichtshof die Voraussetzungen restriktiv formuliert, gleichzeitig aber auch die Möglichkeiten der Eingliederung der Erkrankung in die Systematik des § 20 des deutschen StGB (Schuldunfähigkeit) klargestellt:

"Eine erhebliche Verminderung der Steuerungsfähigkeit ist beim pathologischen Spielen nur ausnahmsweise dann gegeben, wenn die Sucht zu schwersten Persönlichkeitsveränderungen geführt oder der Täter bei Beschaffungstaten unter Entzugserscheinungen gelitten hat". Bei der Beurteilung dieser Frage komme es darauf an, "inwieweit das gesamte Erscheinungsbild des Täters psychische Veränderungen der Persönlichkeit aufweist, die pathologisch bedingt oder – als andere seelische Abartigkeit – in ihrem Schweregrad den krankhaften seelischen Störungen gleichwertig sind.".

Zur Klärung dieser Frage muss das erkennende Gericht in diesen Fällen einen Sachverständigen hinzuziehen.

Im Zivilrecht kommt zwischen Spieler und Spielanbieter ein sogenannter Spielvertrag zustande. Wenn aber eine Spielsperre angeordnet oder vereinbart wurde (letzteres z. B. auf Antrag des Spielers selbst (auch als Selbstsperre bezeichnet), ihn wegen Suchtgefährdung nicht zum Spiel zuzulassen), hat der Spielanbieter (z. B. die Spielbank) vor Aufhebung dieser Sperre hinreichend sicher zu prüfen und den Nachweis zu erbringen, dass der Aufhebung der Sperre der Schutz des Spielers vor sich selbst nicht entgegensteht, mithin keine Spielsuchtgefährdung mehr vorliegt, und der Spieler zu einem kontrollierten Spiel in der Lage ist.

Für die USA zeigte eine Literaturübersicht von Williams aus dem Jahr 2005, dass ein Drittel aller Straftäter die Kriterien für pathologisches Spielen erfüllt und jedes zweite Vergehen Inhaftierter mit einem Hintergrund pathologischen Spielens darauf zurückgeführt werden kann, dieses aufrechtzuerhalten.

Pathologisches Spielen in Literatur und Film

Pathologisches Spielen ist ein verbreitetes Motiv in Literatur und Film. Eine literarische Verarbeitung findet sich z. B. in Dostojewskis Roman Der Spieler (1866) und in Peter Careys Roman Oscar und Lucinda (1988; verfilmt als Oscar und Lucinda). Leonid Zypkin schildert in seinem 1982 veröffentlichten Roman Ein Sommer in Baden-Baden Dostojewskis Spielsucht am Roulette-Tisch in Baden-Baden während der Deutschlandreise mit seiner zweiten Frau Anna 1867.

Zu den Filmbeispielen zählen Schicksalswürfel (1929), Die blonde Sünderin (1962) und Das einzige Spiel in der Stadt (1970), "Der Spieler" (2009) mit Gerard Butler.

Spielerfehlschluss

Der Spielerfehlschluss (englisch Gambler's Fallacy) ist ein logischer Fehlschluss, dem die falsche Vorstellung zugrunde liegt, ein zufälliges Ereignis werde wahrscheinlicher, wenn es längere Zeit nicht eingetreten ist, oder unwahrscheinlicher, wenn es kürzlich/gehäuft eingetreten ist.

Dieser Denkfehler ist im Alltag auch bei der Beurteilung von solchen Wahrscheinlichkeiten verbreitet, die bereits sorgfältig analysiert sind. Viele Menschen verspielen seinetwegen Geld. Die Widerlegung dieser Überlegung lässt sich in dem Satz zusammenfassen: „Der Zufall hat kein Gedächtnis."

Der Spielerfehlschluss wird manchmal als Denkfehler angesehen, der von einem psychologischen, heuristischen Prozess namens Repräsentativitätsheuristik erzeugt wird.

Beispiel: Münzwurf

Der Spielerfehlschluss kann illustriert werden, indem man das wiederholte Werfen einer Münze betrachtet. Bei einer fehlerfreien Münze sind die Chancen für „Kopf" oder „Zahl" exakt 0,5 (die Hälfte). Die Chance für zweimal Kopf hintereinander ist 0,5 × 0,5 = 0,25 (ein Viertel). Die Wahrscheinlichkeit für dreimal Kopf hintereinander ist 0,5 × 0,5 × 0,5 = 0,125 (ein Achtel) usw.

Angenommen, es wäre soeben viermal hintereinander Kopf geworfen worden. Ein Spieler könnte sich sagen: „Wenn der nächste Münzwurf wieder Kopf ergibt, wäre das schon fünfmal Kopf hintereinander. Die Wahrscheinlichkeit für eine solche Reihe ist 0,5⁵ = 0,03125." Also denkt man, dass die Chance, dass die Münze das nächste Mal Kopf zeigt, 1 : 32 (= 0,03125) beträgt.

Hier liegt der Fehler. Wenn die Münze fehlerfrei ist, muss die Wahrscheinlichkeit für „Zahl" immer 0,5 betragen, nie mehr oder weniger, und die Wahrscheinlichkeit für „Kopf" muss immer 0,5 sein, nie mehr oder weniger. Die Wahrscheinlichkeit 1:32 für eine Serie von 5 Köpfen gilt nur, bevor man das erste Mal geworfen hat. Die gleiche Wahrscheinlichkeit 1:32 gilt auch für viermal hintereinander „Kopf", gefolgt von einmal „Zahl" – und jede andere mögliche Kombination. Nach jedem Wurf ist sein Ergebnis bekannt und zählt nicht mehr mit. Jede der beiden Möglichkeiten „Kopf" oder „Zahl" hat die gleiche

Wahrscheinlichkeit, egal wie oft die Münze bereits geworfen wurde und was dabei herauskam. Der Fehler beruht auf der Annahme, dass frühere Würfe bewirken könnten, dass die Münze eher auf „Kopf" als auf „Zahl" fällt, d.h., dass eine vergangene Glückssträhne irgendwie die Wettchancen der Zukunft beeinflussen könnte.

Manchmal argumentieren Spieler, im Hinblick auf das Gesetz der großen Zahlen, so: „Ich habe gerade viermal verloren. Die Münze ist fair, also wird auf lange Sicht alles ausgeglichen. Wenn ich einfach weiterspiele, werde ich mein Geld zurückgewinnen." Es ist allerdings irrational, die „lange Sicht" an dem Punkt zu beginnen, an dem der Spieler zu spielen begann. Genauso gut könnte er auf lange Sicht erwarten, wieder an seiner gegenwärtigen Position (vier Verluste) zu landen.

Mathematisch gesehen beträgt die Wahrscheinlichkeit 1 dafür, dass sich Gewinne und Verluste irgendwann aufheben und dass ein Spieler sein Startguthaben wieder erreicht. Allerdings beträgt der Erwartungswert der dafür notwendigen Spiele unendlich, und auch jener für das einzusetzende Kapital. Ein ähnliches Argument zeigt, dass die populäre Verdopplungsstrategie (beginne mit 1€; wenn du verlierst, setze 2€; dann 4€ usw., bis du gewinnst) nicht unbedingt funktioniert.

Solche Situationen werden in der mathematischen Theorie der Random walks (wörtlich:

Zufallswanderungen) erforscht. Die Verdopplungs- und ähnliche Strategien tauschen entweder viele kleine Gewinne gegen einige große Verluste, oder umgekehrt. Mit Arbeitskapital in unbegrenzter Höhe wären sie erfolgreich. In der Praxis ist es aber vernünftiger, nur einen festen Betrag zu setzen, weil der Verlust pro Tag oder Stunde dann leichter abzuschätzen ist.

Scheinbare Spielerfehlschlüsse

Es gibt viele Szenarien, in denen der Spielerfehlschluss nur auf den ersten Blick vorliegt. Wenn die Wahrscheinlichkeiten aufeinanderfolgender Zufallsereignisse nicht unabhängig sind, kann die Chance für zukünftige Ereignisse von vergangenen Ereignissen verändert werden. Ein Beispiel hierfür sind Spielkarten, die ohne Zurücklegen aus einem Stapel gezogen werden. Wurde mit der ersten Karte ein Bube gezogen, ist die Wahrscheinlichkeit dafür, mit der zweiten noch einen zu ziehen, kleiner, als wenn die erste Karte ein Ass war. Der Grund dafür ist, dass nur noch drei Buben vorhanden sind.

Wenn die Wahrscheinlichkeit der möglichen Ereignisse nicht gleich hoch ist, etwa bei einem gezinkten Würfel, kann ein in der Vergangenheit häufiges Ereignis auch weiterhin gehäuft auftreten (Autokorrelation): die Verfälschung des Würfels favorisiert es. Diese Variante –

an die Fairness des Würfels und an die Ehre der Mitspieler zu glauben, obwohl beides fehlt – wurde als Nerd's Gullibility Fallacy (etwa „Leichtgläubigkeit des Fachidioten") tituliert. Sie ist auch ein Beispiel für Humes Prinzip: Zwanzigmal „Zahl" hintereinander sprechen eher dafür, dass die Münze gezinkt wurde, als für eine faire Münze, deren nächster Wurf mit gleicher Wahrscheinlichkeit „Kopf" oder „Zahl" ergeben wird.

Die Wahrscheinlichkeiten von zukünftigen Ereignissen können von externen Faktoren beeinflusst werden; z. B. könnten Regeländerungen im Sport die Erfolgschancen einer bestimmten Mannschaft beeinträchtigen.

Einige Rätsel spiegeln dem Leser vor, sie seien ein Beispiel für den Spielerfehlschluss, beispielsweise das Ziegenproblem (Monty-Hall-Problem).

Bedingungen eines Zufallsexperimentes

Ein Ereignis beeinflusst nicht das nächste, allerdings kann eine Korrelation auf dahinterstehende Bedingungen des Experimentes hinweisen (z.B. ungleiche Masseverteilung einer Münze).

Zu beachten ist, dass sich der Spielerfehlschluss von dem folgenden Gedankengang unterscheidet: Ein Ereignis tritt gehäuft auf, daher ist die angenommene

Wahrscheinlichkeitsverteilung anzuzweifeln. Diese Überlegung führt zum entgegengesetzten Schluss, das häufig aufgetretene Ereignis sei wahrscheinlicher. Sie kann korrekt sein, was bei unbekannten Zufallsbedingungen (wie sie in der Realität praktisch immer vorliegen) allerdings stets nur mit einer bestimmten Wahrscheinlichkeit entschieden werden kann.

Umgekehrter Spielerfehlschluss

Als umgekehrter Spielerfehlschluss (engl: inverse gambler's fallacy) wird ein dem einfachen Spielerfehlschluss ähnlicher Fehler beim Abschätzen von Wahrscheinlichkeiten bezeichnet: Ein Würfelpaar wird geworfen und zeigt (beispielsweise) Doppel-Sechs. Der Fehlschluss ist nun: Das ist ein ziemlich unwahrscheinliches Ergebnis, also müssen die Würfel vorher schon ziemlich oft geworfen worden sein. Allgemeiner ausgedrückt, behauptet der umgekehrte Spielerfehlschluss, dass ein unwahrscheinliches Ereignis zeigt, dass viele weitere Ereignisse existieren.

Ebenso wie beim einfachen Spielerfehlschluss ist der Fehler in einem Satz klarzustellen: „Würfel haben kein Gedächtnis". Jeder Wurf ist stochastisch unabhängig von jedem anderen Wurf.

Der Fehler beruht auf dem richtigen Wissen, dass auch unwahrscheinliche Ereignisse in einer großen Anzahl von Versuchen irgendwann eintreten. Das Würfelbeispiel betrachtet aber eben nicht eine große Anzahl von Versuchen, sondern einen bestimmten Wurf, dessen Ergebnischancen durch andere Würfe nicht beeinflusst werden.

Ein Beispiel macht es deutlich: Ein Zufallszahlengenerator erzeuge Zahlen von 1 bis 100. Das Ergebnis einer Runde sei 17. 17 ist ein ziemlich unwahrscheinliches Ergebnis (Chance 1:100). Kann man daraus schließen, dass der Zufallszahlengenerator schon sehr lange gelaufen sein muss, wenn er so unwahrscheinliche Ergebnisse erzeugt? Natürlich nicht. Das Ergebnis enthält keine Information darüber, wie viele Zahlen bereits gekommen sind.

Eine parallele Formulierung: Der Zufallszahlengenerator wird in einen Geldspielautomaten dergestalt eingebaut, dass der Spieler bei jeder 17 50 Euro gewinnt. Angenommen, ein Spieler spielt nur einmal und gewinnt. Berechtigt das den Spieler zu der Überlegung „Ich habe gewonnen! 1:100! Sicher läuft die Maschine schon eine ganze Weile, sonst hätte ich nie sofort gewinnen können!"?

Eine weitere Möglichkeit der Aufklärung besteht darin, die Würfel unterschiedlich zu färben, z. B. grün und rot, und dann die gewürfelten Ergebnisse zu vergleichen. So wird das Ergebnis „grüner Würfel zeigt 2, roter Würfel zeigt 3" sicher nicht die Vermutung „Vorher müssen die Würfel schon ziemlich oft geworfen worden sein" begründen. Dieses Ergebnis ist aber genauso wahrscheinlich wie das Ergebnis „grüner und roter Würfel zeigen 6", der obige Fehlschluss ist also genauso unangebracht.

Offenbar unterliegt man dem Fehlschluss eher, wenn ein Ereignis unter anderen gleich wahrscheinlichen Ereignissen hervorgehoben ist. Unbewusst möchten wir „besondere" Ereignisse nachträglich erklären, indem wir die Hintergrundannahmen über das Zufallsexperiment ändern. Die veränderte Hypothese wird durch das „ungewöhnliche" Ergebnis dann scheinbar bestätigt. Genauso gut könnte man auch glauben, ein menschenfreundlicher Programmierer hätte den Automaten so programmiert, dass er die 17 ausgibt, sobald man an das Gerät tritt.

In der Philosophie wird das anthropische Prinzip zusammen mit Multiversentheorien als Erklärung für eine eventuell vorhandene Feinabstimmung der Naturkonstanten in unserem Universum diskutiert. Nach dieser Erklärung existiert ein Ensemble von Universen, und nur durch selektive Beobachtung – Beobachter können nur solche Universen wahrnehmen, in welchen ihre Existenz möglich ist – erscheint uns unser beobachtbares Universum als feinabgestimmt.

Der englische Begriff für den umgekehrten Spielerfehlschluss inverse gambler's fallacy wurde im Rahmen dieser Diskussion von Ian Hacking eingeführt. In einer 1987 veröffentlichten Arbeit spricht er sich zwar gegen Design-Argumente als Erklärung für Feinabstimmung aus, glaubt aber zeigen zu können, dass auch nicht alle Typen von Universen-Ensembles zusammen mit dem anthropischen Prinzip als Erklärung für eine Feinabstimmung verwendet werden können. Ein Multiversum, das z. B. aus dem Ensemble aller möglichen Urknall-Universen bestünde, wäre nach Hacking zusammen mit dem anthropischen Prinzip eine mögliche Erklärung für eine Feinabstimmung. Hingegen ist Hacking der Meinung, dass die Annahme einer solchen Erklärung ein Fehlschluss wäre, wenn man sogenannte Wheeler-Universen (eine unendliche zeitliche Abfolge von Universen, in der jedes einzelne Universum mit einem Urknall beginnt und in einem Big Crunch endet) heranziehen würde.

Obwohl die Erklärung mit dem Ensemble aller möglichen Urknall-Universen scheinbar ähnlich sei wie die mit den Wheeler-Universen, seien sie in Wirklichkeit unterschiedlich, und im letzten Fall handele es sich tatsächlich um einen umgekehrten Spielerfehlschluss. Dieser Auffassung wurde unabhängig voneinander von mehreren Autoren widersprochen, indem sie betonten, dass es im umgekehrten Spielerfehlschluss keinen selektiven Beobachtungseffekt gibt und der Vergleich mit dem umgekehrten Spielerfehlschluss deswegen auch für Erklärungen mittels Wheeler-Universen nicht stimme.

Roger White hat 2000 eine modifizierte Version von Hackings Argument veröffentlicht. Nick Bostrom hat jedoch darauf hingewiesen, dass die Voraussetzungen, von denen White ausgeht, für die meisten tatsächlich vorgeschlagenen Multiversentheorien nicht zutreffen und außerdem in letzter Konsequenz zu unplausiblen Konsequenzen führen. Er schließt deswegen auf die Ungültigkeit von Whites Argumentation. Bostrom hat zudem aufgezeigt, wie das von Hacking angegebene Beispiel, welches zum umgekehrten Spielerfehlschluss führt, modifiziert werden müsste, so dass es tatsächlich mit der anthropischen Argumentation vergleichbar wäre. Um selektiven Beobachtungseffekten Rechnung zu tragen, müsste demnach in Hackings Beispiel mit dem Würfelspiel ein Spieler solange außerhalb der Spielhalle warten, bis eine Doppel-Sechs geworfen wurde.

Unter diesen modifizierten Bedingungen wäre der umgekehrte Spielerfehlschluss aber kein Fehlschluss mehr. Vielmehr könnte ein Spieler unter diesen Bedingungen, wenn er nach einer geworfenen Doppel-Sechs in die Spielhalle eingelassen wird, tatsächlich zu Recht schließen, dass bereits eine mehr oder weniger große Anzahl von Würfen stattgefunden hat.

Lizenz

Dieses Buch ist unter der Creative Commons Attribution-ShareAlike 3.0 Unported Lizenz veröffentlicht worden. Sie dürfen die Inhalte des Buches daher unter den gleichen Bedingungen weiterverbreiten. Die Original-Lizenz finden Sie hier abgedruckt:

1. Definitions
"Adaptation" means a work based upon the Work, or upon the Work and other pre-existing works, such as a translation, adaptation, derivative work, arrangement of music or other alterations of a literary or artistic work, or phonogram or performance and includes cinematographic adaptations or any other form in which the Work

may be recast, transformed, or adapted including in any form recognizably derived from the original, except that a work that constitutes a Collection will not be considered an Adaptation for the purpose of this License. For the avoidance of doubt, where the Work is a musical work, performance or phonogram, the synchronization of the Work in timed-relation with a moving image ("synching") will be considered an Adaptation for the purpose of this License.

"Collection" means a collection of literary or artistic works, such as encyclopedias and anthologies, or performances, phonograms or broadcasts, or other works or subject matter other than works listed in Section 1(f) below, which, by reason of the selection and arrangement of their contents, constitute intellectual creations, in which the Work is included in its entirety in unmodified form along with one or more other contributions, each constituting separate and independent works in themselves, which together are assembled into a collective whole. A work that constitutes a Collection will not be considered an Adaptation (as defined below) for the purposes of this License.

"Creative Commons Compatible License" means a license that is listed at http://creativecommons.org/compatiblelicenses that has been approved by Creative Commons as being essentially equivalent to this License, including, at a minimum, because that license: (i) contains terms that have the same purpose, meaning and effect as the License Elements of this License; and, (ii) explicitly permits the relicensing of adaptations of works made available under that license under this License or a Creative Commons jurisdiction license with the same License Elements as this License.

"Distribute" means to make available to the public the original and copies of the Work or Adaptation, as appropriate, through sale or other transfer of ownership.

"License Elements" means the following high-level license attributes as selected by Licensor and indicated in the title of this License: Attribution, ShareAlike.

"Licensor" means the individual, individuals, entity or entities that offer(s) the Work under the terms of this License.

"Original Author" means, in the case of a literary or artistic work, the individual, individuals, entity or entities who created the Work or if no individual or entity can be identified, the publisher; and in addition (i) in the case of a performance the actors, singers, musicians, dancers, and other persons who act, sing, deliver, declaim, play in, interpret or otherwise perform literary or artistic works or expressions of folklore; (ii) in the case of a phonogram the producer being the person or legal entity who first fixes the sounds of a performance or other sounds; and, (iii) in the case of broadcasts, the organization that transmits the broadcast.

"Work" means the literary and/or artistic work offered under the terms of this License including without limitation any production in the literary, scientific and artistic domain, whatever may be the mode or form of its expression including digital form, such as a book, pamphlet and other writing; a lecture, address, sermon or other work of the same nature; a dramatic or dramatico-musical work; a choreographic work or entertainment in dumb show; a musical composition with or without words; a cinematographic work to which are assimilated works expressed by a process analogous to cinematography; a work of drawing, painting, architecture, sculpture, engraving or lithography; a photographic work to which are assimilated works expressed by a process analogous to photography; a work of applied art; an illustration, map, plan, sketch or three-dimensional work relative to geography, topography, architecture or science; a performance; a broadcast; a phonogram; a compilation of data to the extent it is protected as a copyrightable work; or a work performed by a variety or circus performer to the extent it is not otherwise considered a literary or artistic work.

"You" means an individual or entity exercising rights under this License who has not previously violated the terms of this License with respect to the Work, or who has received express permission from the Licensor to exercise rights under this License despite a previous violation.

"Publicly Perform" means to perform public recitations of the Work and to communicate to the public those public recitations, by any means or process, including by wire or wireless means or public digital performances; to make available to the public Works in such a way that members of the public may access these Works from a place and at a place individually chosen by them; to perform the Work to the public by any means or process and the communication to the public of the performances of the Work, including by public digital performance; to broadcast and rebroadcast the Work by any means including signs, sounds or images.

"Reproduce" means to make copies of the Work by any means including without limitation by sound or visual recordings and the right of fixation and reproducing fixations of the Work, including storage of a protected performance or phonogram in digital form or other electronic medium.

2. Fair Dealing Rights

Nothing in this License is intended to reduce, limit, or restrict any uses free from copyright or rights arising from limitations or exceptions that are provided for in connection with the copyright protection under copyright law or other applicable laws.

3. License Grant

Subject to the terms and conditions of this License, Licensor hereby grants You a worldwide, royalty-free, non-exclusive, perpetual (for the duration of the applicable copyright) license to exercise the rights in the Work as stated below:

to Reproduce the Work, to incorporate the Work into one or more Collections, and to Reproduce the Work as incorporated in the Collections;

to create and Reproduce Adaptations provided that any such Adaptation, including any translation in any medium, takes reasonable steps to clearly label, demarcate or otherwise identify that changes were made to the original Work. For example, a translation could be marked "The original work was translated from English to Spanish," or a modification could indicate "The original work has been modified.";

to Distribute and Publicly Perform the Work including as incorporated in Collections; and,

to Distribute and Publicly Perform Adaptations.

For the avoidance of doubt:

Non-waivable Compulsory License Schemes. In those jurisdictions in which the right to collect royalties through any statutory or compulsory licensing scheme cannot be waived, the Licensor reserves the exclusive right to collect such royalties for any exercise by You of the rights granted under this License;

Waivable Compulsory License Schemes. In those jurisdictions in which the right to collect royalties through any statutory or compulsory licensing scheme can be waived, the Licensor waives the exclusive right to collect such royalties for any exercise by You of the rights granted under this License; and,

Voluntary License Schemes. The Licensor waives the right to collect royalties, whether individually or, in the event that the Licensor is a member of a collecting society that administers voluntary licensing schemes, via that society, from any exercise by You of the rights granted under this License.

The above rights may be exercised in all media and formats whether now known or hereafter devised. The above rights include the right to make such modifications as are technically necessary to exercise the rights in other media and formats. Subject to Section 8(f), all rights not expressly granted by Licensor are hereby reserved.

4. Restrictions

The license granted in Section 3 above is expressly made subject to and limited by the following restrictions:

You may Distribute or Publicly Perform the Work only under the terms of this License. You must include a copy of, or the Uniform Resource Identifier (URI) for, this License with every copy of the Work You Distribute or Publicly Perform. You may not offer or impose any terms on the Work that restrict the terms of this License or the ability of the recipient of the Work to exercise the rights granted to that recipient under the terms of the License. You may not sublicense the Work. You must keep intact all notices that refer to this License and to the disclaimer of warranties with every copy of the Work You Distribute or Publicly Perform. When You Distribute or Publicly Perform the Work, You may not impose any effective technological measures on the Work that restrict the ability of a recipient of the Work from You to exercise the rights granted to that recipient under the terms of the License. This Section 4(a) applies to the Work as incorporated in a Collection, but this does not require the Collection apart from the Work itself to be made subject to the terms of this License. If You create a Collection, upon notice from any Licensor You must, to the extent practicable, remove from the Collection any credit as required by Section 4(c), as requested. If You create an Adaptation, upon notice from any Licensor You must, to the extent practicable, remove from the Adaptation any credit as required by Section 4(c), as requested.

You may Distribute or Publicly Perform an Adaptation only under the terms of: (i) this License; (ii) a later version of this License with the same License Elements as this License; (iii) a Creative Commons jurisdiction license (either this or a later license version) that contains the same License Elements as this License (e.g., Attribution-ShareAlike 3.0 US)); (iv) a Creative Commons Compatible License. If you license the Adaptation under one of the licenses mentioned in (iv), you must comply with the terms of that license. If you license the Adaptation under the terms of any of the licenses mentioned in (i), (ii) or (iii) (the "Applicable License"), you must comply with the terms of the Applicable License generally and the following provisions: (I) You must include a copy of, or the URI for, the Applicable License with every copy of each Adaptation You Distribute or Publicly Perform; (II) You may not offer or impose any terms on the Adaptation that restrict the terms of the Applicable License or the ability of the recipient of the Adaptation to exercise the rights granted to that recipient under the terms of the Applicable License; (III) You must keep intact all notices that refer to the Applicable License and to the disclaimer of warranties with every copy of the Work as included in the Adaptation You Distribute or Publicly Perform; (IV) when You Distribute or Publicly Perform the Adaptation, You may not impose any effective technological measures on the Adaptation that restrict the ability of a recipient of the Adaptation from You to exercise the rights granted to that recipient under the terms of the Applicable License. This Section 4(b) applies to the Adaptation as incorporated in a Collection, but this does not require the Collection apart from the Adaptation itself to be made subject to the terms of the Applicable License.

If You Distribute, or Publicly Perform the Work or any Adaptations or Collections, You must, unless a request has been made pursuant to Section 4(a), keep intact all copyright notices for the Work and provide, reasonable to the medium or means You are utilizing: (i) the name of the Original Author (or pseudonym, if applicable) if supplied, and/or if the Original Author and/or Licensor designate another party or parties (e.g., a sponsor institute, publishing entity, journal) for attribution ("Attribution Parties") in Licensor's copyright notice, terms of service or by other reasonable means, the name of such party or parties; (ii) the title of the Work if supplied; (iii) to the extent reasonably practicable, the URI, if any, that Licensor specifies to be associated with the Work, unless such URI does not refer to the copyright notice or licensing information for the Work; and (iv) , consistent with Section 3(b), in the case of an Adaptation, a credit identifying the use of the Work in the Adaptation (e.g., "French translation of the Work by Original Author," or "Screenplay based on original Work by Original Author"). The credit required by this Section 4(c) may be implemented in any reasonable manner; provided, however, that in the case of a Adaptation or Collection, at a minimum such credit will appear, if a credit for all contributing authors of the Adaptation or Collection appears, then as part of these credits and in a manner at least as prominent as the credits for the other contributing authors. For the avoidance of doubt, You may only use the credit required by this Section for the purpose of attribution in the manner set out above and, by exercising Your rights under this License, You may not implicitly or explicitly assert or imply any connection with, sponsorship or endorsement by the Original Author, Licensor and/or Attribution Parties, as appropriate, of You or Your use of the Work, without the separate, express prior written permission of the Original Author, Licensor and/or Attribution Parties.

Except as otherwise agreed in writing by the Licensor or as may be otherwise permitted by applicable law, if You Reproduce, Distribute or Publicly Perform the Work either by itself or as part of any Adaptations or Collections, You must not distort, mutilate, modify or take other derogatory action in relation to the Work which would be prejudicial to the Original Author's honor or reputation. Licensor agrees that in those jurisdictions (e.g. Japan), in which any exercise of the right granted in Section 3(b) of this License (the right to make Adaptations) would be deemed to be a distortion, mutilation, modification or other derogatory action prejudicial to the Original Author's honor and reputation, the Licensor will waive or not assert, as appropriate, this Section, to the fullest extent permitted by the applicable national law, to enable You to reasonably exercise Your right under Section 3(b) of this License (right to make Adaptations) but not otherwise.

5. Representations, Warranties and Disclaimer

UNLESS OTHERWISE MUTUALLY AGREED TO BY THE PARTIES IN WRITING, LICENSOR OFFERS THE WORK AS-IS AND MAKES NO REPRESENTATIONS OR WARRANTIES OF ANY KIND CONCERNING THE WORK, EXPRESS, IMPLIED, STATUTORY OR OTHERWISE, INCLUDING, WITHOUT LIMITATION, WARRANTIES OF TITLE, MERCHANTIBILITY, FITNESS FOR A PARTICULAR PURPOSE, NONINFRINGEMENT, OR THE ABSENCE OF LATENT OR OTHER DEFECTS, ACCURACY, OR THE PRESENCE OF ABSENCE OF ERRORS, WHETHER OR NOT DISCOVERABLE. SOME JURISDICTIONS DO NOT ALLOW THE EXCLUSION OF IMPLIED WARRANTIES, SO SUCH EXCLUSION MAY NOT APPLY TO YOU.

6. Limitation on Liability.

EXCEPT TO THE EXTENT REQUIRED BY APPLICABLE LAW, IN NO EVENT WILL LICENSOR BE LIABLE TO YOU ON ANY LEGAL THEORY FOR ANY SPECIAL, INCIDENTAL, CONSEQUENTIAL, PUNITIVE OR

EXEMPLARY DAMAGES ARISING OUT OF THIS LICENSE OR THE USE OF THE WORK, EVEN IF LICENSOR HAS BEEN ADVISED OF THE POSSIBILITY OF SUCH DAMAGES.

7. Termination

This License and the rights granted hereunder will terminate automatically upon any breach by You of the terms of this License. Individuals or entities who have received Adaptations or Collections from You under this License, however, will not have their licenses terminated provided such individuals or entities remain in full compliance with those licenses. Sections 1, 2, 5, 6, 7, and 8 will survive any termination of this License.

Subject to the above terms and conditions, the license granted here is perpetual (for the duration of the applicable copyright in the Work). Notwithstanding the above, Licensor reserves the right to release the Work under different license terms or to stop distributing the Work at any time; provided, however that any such election will not serve to withdraw this License (or any other license that has been, or is required to be, granted under the terms of this License), and this License will continue in full force and effect unless terminated as stated above.

8. Miscellaneous

Each time You Distribute or Publicly Perform the Work or a Collection, the Licensor offers to the recipient a license to the Work on the same terms and conditions as the license granted to You under this License. Each time You Distribute or Publicly Perform an Adaptation, Licensor offers to the recipient a license to the original Work on the same terms and conditions as the license granted to You under this License. If any provision of this License is invalid or unenforceable under applicable law, it shall not affect the validity or enforceability of the remainder of the terms of this License, and without further action by the parties to this agreement, such provision shall be reformed to the minimum extent necessary to make such provision valid and enforceable.

No term or provision of this License shall be deemed waived and no breach consented to unless such waiver or consent shall be in writing and signed by the party to be charged with such waiver or consent.

This License constitutes the entire agreement between the parties with respect to the Work licensed here. There are no understandings, agreements or representations with respect to the Work not specified here. Licensor shall not be bound by any additional provisions that may appear in any communication from You. This License may not be modified without the mutual written agreement of the Licensor and You.

The rights granted under, and the subject matter referenced, in this License were drafted utilizing the terminology of the Berne Convention for the Protection of Literary and Artistic Works (as amended on September 28, 1979), the Rome Convention of 1961, the WIPO Copyright Treaty of 1996, the WIPO Performances and Phonograms Treaty of 1996 and the Universal Copyright Convention (as revised on July 24, 1971). These rights and subject matter take effect in the relevant jurisdiction in which the License terms are sought to be enforced according to the corresponding provisions of the implementation of those treaty provisions in the applicable national law. If the standard suite of rights granted under applicable copyright law includes additional rights not granted under this License, such additional rights are deemed to be included in the License; this License is not intended to restrict the license of any rights under applicable law.

Creative Commons Notice

Creative Commons is not a party to this License, and makes no warranty whatsoever in connection with the Work. Creative Commons will not be liable to You or any party on any legal theory for any damages whatsoever, including without limitation any general, special, incidental or consequential damages arising in connection to this license. Notwithstanding the foregoing two (2) sentences, if Creative Commons has expressly identified itself as the Licensor hereunder, it shall have all rights and obligations of Licensor.

Beitragende Autoren:
Glücksspiele - https://bit.ly/2RsKcpY
Ausschüttungsquote - https://bit.ly/2ZKtKUV
Bankvorteil - https://bit.ly/2WWotl5
Spielbank - https://bit.ly/2LgHbaW
Spielhalle - https://bit.ly/2RuBw2k
Online Casinos - https://bit.ly/2N5okSY
Glücksspielstaatsvertrag - https://bit.ly/2Rx61o5
Wahrscheinlichkeit - https://bit.ly/2N8hrAh
Jeton - https://bit.ly/3206O66
Croupier - https://bit.ly/2IBjHMc
Roulette - https://bit.ly/2WYhfrT
Black Jack - https://bit.ly/2X0V4kQ
Baccara - https://bit.ly/2N44pDS
Poker - https://bit.ly/2RyGY4b
Spielautomat - https://bit.ly/31PmNUd
Online Spielautomaten - https://bit.ly/2Xureo
Würfelspiel - https://bit.ly/2KuUaGw
Pathologisches Spielen - https://bit.ly/2XtsVlS
Spielerfehlschluss - https://bit.ly/2X0PolY
Umgekehrter Spielerfehlschluss - https://bit.ly/2KxzwFJ